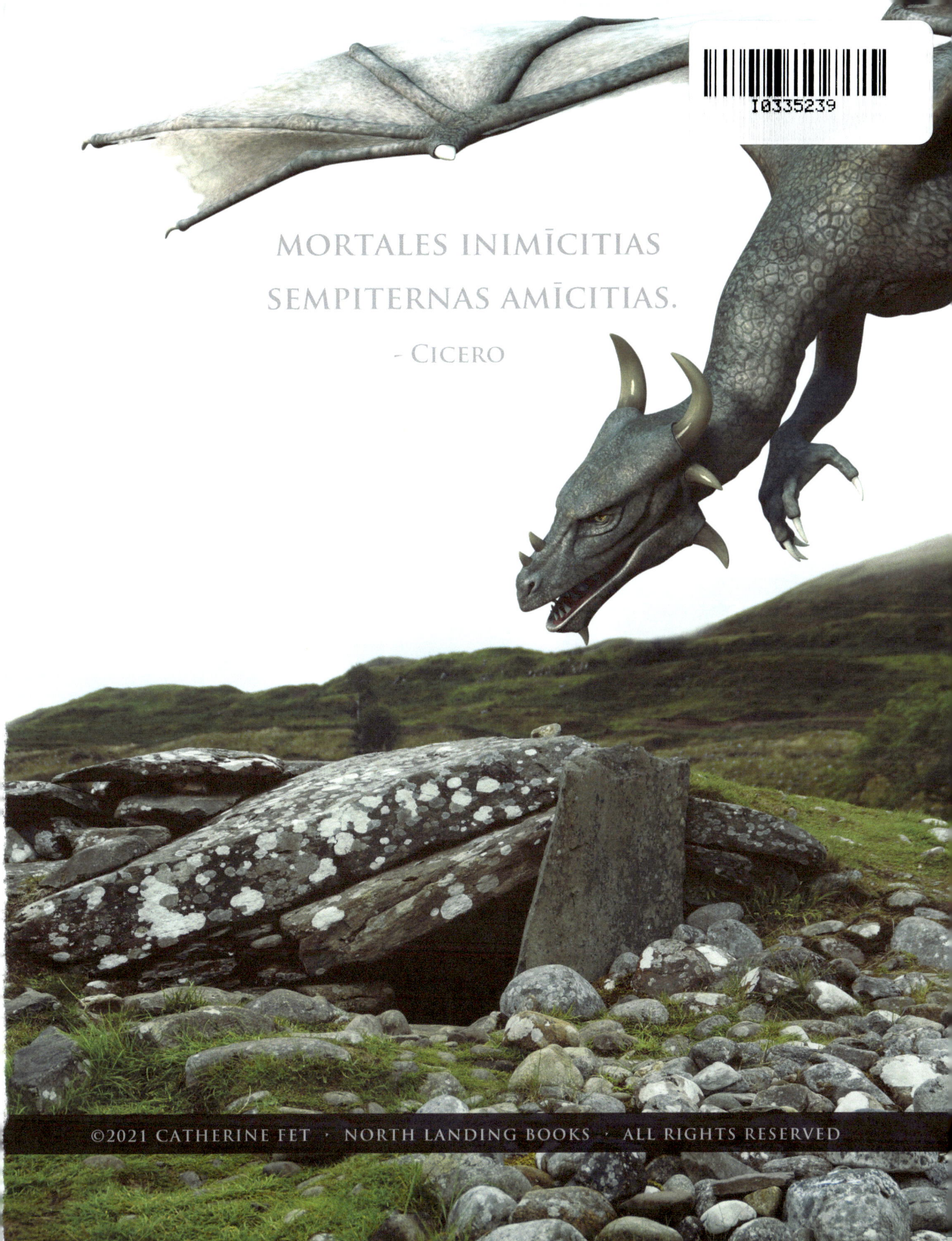

MORTALES INIMĪCITIAS
SEMPITERNAS AMĪCITIAS.
- Cicero

©2021 Catherine Fet · North Landing Books · All Rights Reserved

SALVĒ!

This book is a 15-chapter companion reader to the *Latin for Kids* textbook. All the grammar and a lot of the vocabulary in this book are covered in *Latin for Kids*. Each chapter has a glossary (list of words with translations) for all new words.

For any new **NOUN** on the glossary pages, you will find two forms – Nominative case and Genitive case. Next to these forms, you will see *m, f,* or *n* – indicating whether the noun is masculine, feminine, or neuter. In parentheses is the number of the declension. E.g.:
ars, artis, f (3) – art

For any new **VERB** on the glossary pages, you will find four forms, or 'principal parts.' No, 'principal parts' are not arms, legs, ears, and other parts of a school principal. These are forms of the verb that show what conjugation the verb belongs to, and whether it changes its stem across its many forms. The principal parts of the Latin verb *scrībere* – 'to write' – are:
1. *scrībō* – I write (present tense, 1st person, singular)
2. *scrībere* – to write (infinitive)
3. *scrīpsī* – I have written (Past/Perfect tense, 1st person, singular)
4. *scrīptum* – written (past participle, neuter, singular)

In parentheses next to each verb on the glossary pages is the number of the conjugation to which this verb belongs. E.g.:
scrībō, scrībere, scrīpsī, scrīptum (3) – to write

Just like in *Latin for Kids*, next to many Latin words on the glossary pages I list modern English words related to that Latin word. The modern English words are highlighted in yellow. E.g.:
doceō, docēre, docuī, doctum (2) – to teach – doctor

On the next page please find
two charts with noun and verb endings
we have covered in *Latin for Kids*
– for easy reference.
That's it! I hope you will enjoy this
adventure story and its
silly characters!

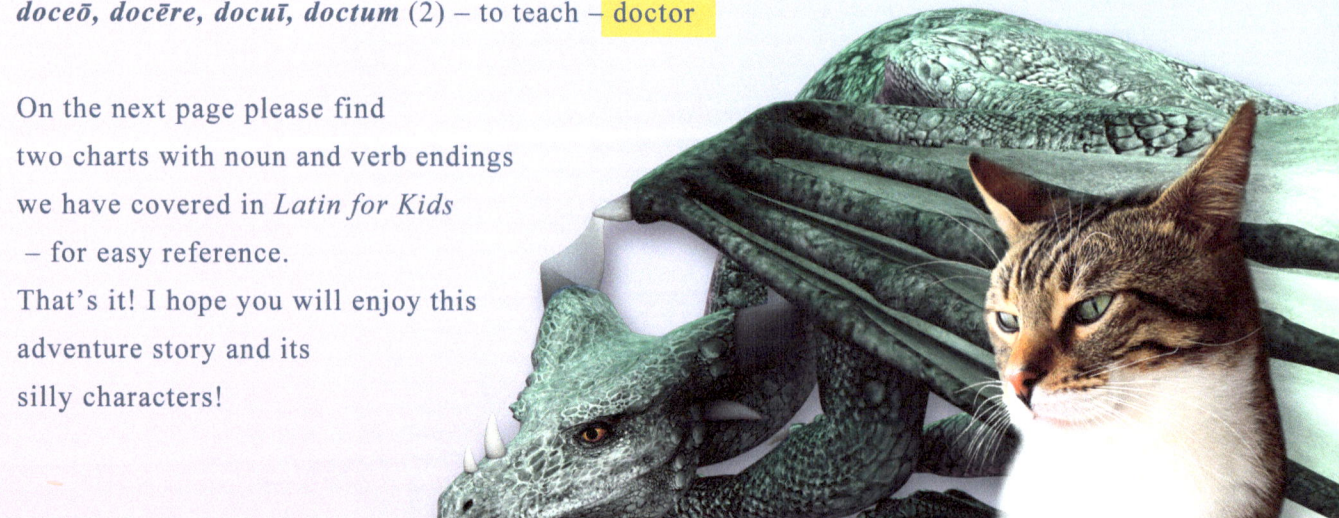

NOUN ENDINGS IN 5 DECLENSIONS

DECL.	1	2		3		4		5
GENDER	F.	M.	N.	M./F.	N.	M.	N.	F.
SINGULAR								
NOM.	- a	- us	- um	- s (modified stem)		- us	- ū	- ēs
GEN.	- ae	- ī	- ī	- is	- is	- ūs	- ūs	- ēī / e
DAT.	- ae	- ō	- ō	- ī	- ī	- uī /ū	=Nom.	- ēī / e
ACC.	- am	- um	=Nom.	- em/im	=Nom.	- um	=Nom.	- em
ABL.	- ā	- ō	- ō	- e/ī	- e/ī	- ū	=Nom.	- ē
VOC.	=Nom.	- e	=Nom.	=Nom.	=Nom.	=Nom.	=Nom.	=Nom.
PLURAL								
NOM.	- ae	- ī	- a	- ēs	- a, - ia	- ūs	- ua	- ēs
GEN.	- ārum	- ōrum	- ōrum	- um/ium	- um/ium	- uum	- uum	- ērum
DAT.	- īs	- īs	- īs	- ibus	- ibus	- ibus/ubus	- ibus/ubus	- ēbus
ACC.	- ās	- ōs	- a	- ēs (- īs)	- a, - ia	- ūs	- ua	- ēs
ABL.	=Dat.	=Dat.		=Dat.		=Dat.		=Dat.
VOC.	=Nom.	=Nom.		=Nom.		=Nom.		=Nom.

VERB ENDINGS

	PRESENT	PAST / PERFECT	PAST / IMPERFECT	FUTURE / IMPERFECT	
				1,2 conj.	3,4 conj.
I	- ō	- ī	- ba-m	- b-ō	- a-m
you	- s	- is-tī	- bā-s	- bi-s	- ē-s
he, she, it	- t	- i-t	- ba-t	- bi-t	- e-t
we	- mus	- i-mus	- bā-mus	- bi-mus	- ē-mus
you pl.	- tis	- is-tis	- bā-tis	- bi-tis	- ē-tis
they	- nt	- ēru-nt (-ēre)	- ba-nt	- bu-nt	- e-nt

I. Ex arbōre

Sub arbōre māgnā sedet Gāius. Gāius puer Rōmānus est. In imperiō Rōmānō, Rōmae habitat. Tabulam et stylum Gāius tenet. Lūdī magister ei pēnsum difficile praescrīpsit – grammaticam Latinam discere et dēclīnātiōnem vocābulōrum in tabulam scrībere.

"Genetīvus singulāris: **arbōris**," Gāius dicit, et scribit in tabula. "Genetīvus plūrālis: **arbōribus**."
Iam audit Gāius vōcem ex arbōre.

"Nōn **arbōribus**, sed **arbōrum** genetīvus plūrālis est," vōx ex arbōre dicit.
"**Arbōribus** datīvus plūrālis est."

Cuius vōx est? Haec nōn vōx hominis est! Duo oculī māgnī et flāvī ex arbōre spectant.
"Quis es in arbōre?" Gāius interrogat.
"Dracō sum," vōx dicit. "Timēs dracōnēs?"
"Nesciō," Gāius respondet. "Nūlli dracōnēs Rōmae sunt. Avēs, cattōs, equōs, et canēs Rōmae vidēbam, sed nūllum dracōnum."

Dracō ex arbōre dēscendit – māgnus et viridis est! Maior equō!
"Unde es?" Gāius rogat.

Dracō: Barbarī in Galliā me cēpērunt et Rōmānīs vēndidērunt. Rōmānī mē ad Lūdum Māgnum mīsērunt opus gladiātōrum dīscere. In Lūdō Māgnō linguam Latinam didicī et grammaticam Latinam gladiātōribus docēbam.

Gāius: Hmmm... Occīdēbāsne gladiātōrēs?

Dracō: Nah. Mordēbam eōs, nōn occidēbam. Herī ē lūdō effūgī. Labor gladiātōris mihī nōn placet. Nunc in hāc arbōre habitō, folia edō. Vīs dominum meum novum esse?

Gāius: Nōn dominum, sed amīcum tuum esse volō.

Dracō: Possum tibi dēclīnātiōnem vocābulōrum docēre! Omnēs dēclīnātiōnēs sciō! Quoque amō coniugātiōnem verbōrum – rēgulārium et irrēgulārium. Possum tēcum ad lūdum īre et tē in lūdō iuvāre! Discipulus optimus eris! Parentēs tuī laetī erunt, tē laudābunt.

Gāius: Lūdī magister dracōnem nōn admittet. Rōmānī dracōnēs monstra appellant. Monstra ēducāta nōn sunt.

Dracō: Potes magistrō dīcere quod canis tuus sum... Canis māgnus... ahem... ē Galliā.

	SINGULAR			PLURAL			he, she, it
	m	f	n	m	f	n	
Nom.	is	ea	id	eī / iī	eae	ea	
Gen.	eius	eius	eius	eōrum	eārum	eōrum	
Dat.	eī	eī	eī	eīs / iīs	eīs / iīs	eīs / iīs	
Acc.	eum	eam	id	eōs	eās	ea	
Abl.	eō	eā	eō	eīs / iīs	eīs / iīs	eīs / iīs	

Rōmae – in Rome – Locative case • *ludi magister* – school master
lūdus, lūdī, m (2) – school, sport, game – ludicrous
magister pēnsum praescripsit – Indicative Past (Perfect) – teacher has given homework
praescrībō, praescrībere, praescrīpsī, praescrīptum (3) – to direct, to order – prescribe
pēnsum – pensi n. (2) – homework
dīcō, dīcere, dīxī, dictum (3) – to say, to talk – dictate, diction, dictionary
timeō, timēre, timuī (2) – to fear – timid • *unde* – where from
rogō, rogāre, rogāvī, rogātum (1) – to ask, to invite
capiō, capere, cēpī, captum (3) – to catch, to capture
cēpērunt – Indicative Past (Perfect) – [they] captured
vēndō, vēndere, vēndidī, vēnditum (3) – to sell – vendor, vending
vēndidērunt – Indicative Past (Perfect) – [they] sold
gladiātor, gladiātōris, m (3) – gladiator

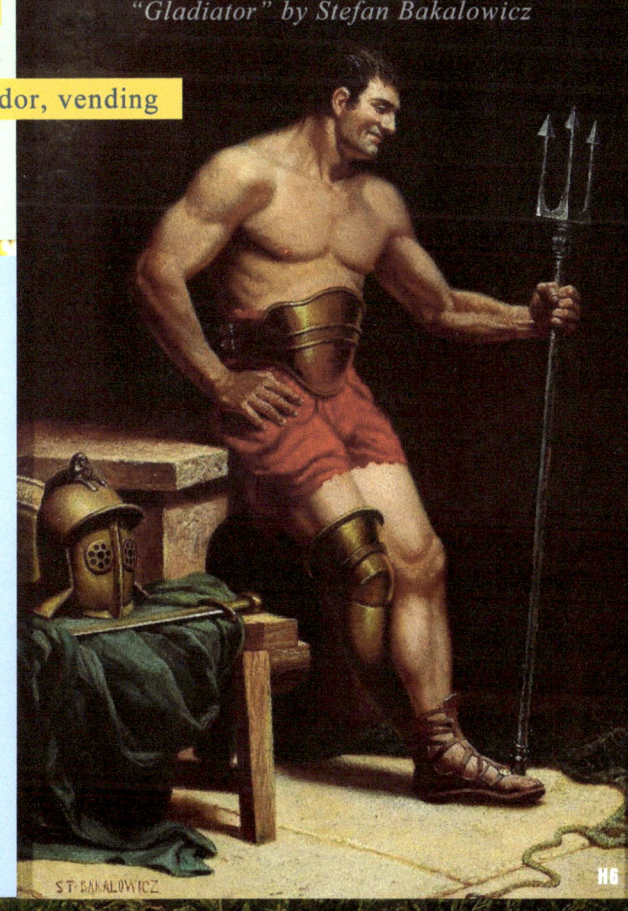

"Gladiator" by Stefan Bakalowicz

There were a few **gladiator training schools** in ancient Rome. The biggest was the **Ludus Magnus**, built next to the Colosseum, by Emperor Domitian in AD 81-96. The school had a training arena that could seat 3,000 spectators. Romans loved watching gladiators train. Some gladiators were volunteers, but most were slaves, convicted criminals, and prisoners of war. The gladiator games lasted for 1000 years. They were abolished in the 5th century after the adoption of Christianity as the official faith of the Roman Empire.

The 4th-century 'Gladiators' mosaic from Villa Borghese near Rome. The mosaic provides the names of the famous Roman gladiators of that time. Some names are marked with the Greek letter Θ, theta nigrum, for θάνατος, 'dead.'

mittō, mittere, mīsī, missum (3) – to send – mission, missionary
mīsērunt – Indicative Past (Perfect) – [they] sent
Ludus Māgnus – the Great Gladiatorial Training School in Ancient Rome
opus, operis, n (3) – work – opera
dīscō, dīscere, didicī (3) – to study
didicī – Indicative Past (Perfect) – [I] learned
doceō, docēre, docuī, doctum (2) – to teach – doctor
docēbam – Indicative Past (Imperfect) – [I] taught
occīdō, occīdere, occīdī, occīsum (3) – to kill in a battle, slay, slaughter
occīdēbās – Indicative Past (Imperfect) – [you] killed
mordeō, mordēre, momordī, morsum (2) – bite, hurt – morsel
mordēbam – Indicative Past (Imperfect) – [I] bit
fugiō, fugere, fūgī, fugitum (3), *effugiō, effugere, effūgī, effugitum* (3) – to flee, escape – fugitive
effūgī – Indicative Past (Perfect) – [I] ran away
placeō, placēre, placuī, placitum (2) – to please, to like – placate, placebo
mihī placet – I like.... [it] pleases me...
habitō, habitāre, habitāvī, habitātum (1) – to live – inhabit, inhabitants
folium, foliī, n (3) – leaf – folio, portfolio
edō, edere, ēdī, ēsum – to eat – edible
volō, velle, voluī (irr) – to want – voluntary, volunteer
possum, posse, potuī (irr) – to be able to, can
eō, īre, itum (irr) – to go – itinerary
iuvō, iuvāre, iūvī, iūtum (1) – to help

A pair of gladiator shin guards found in Pompeii

An oil lamp with a gladiator fight scene

maior – comparative degree of *māgnus*; *maior* + Ablative case of a noun – bigger than...
admittō, admittere, admīsī, admissum (3) – to let in – admit, admission
admittet – Indicative Future (Imperfect) – [he] will let in
appellō, appellāre, appellāvī, appellātum (1) – to call, to address – appeal
ēducō, ēducāre, ēducāvī, ēducātum (1) – to educate, to bring up

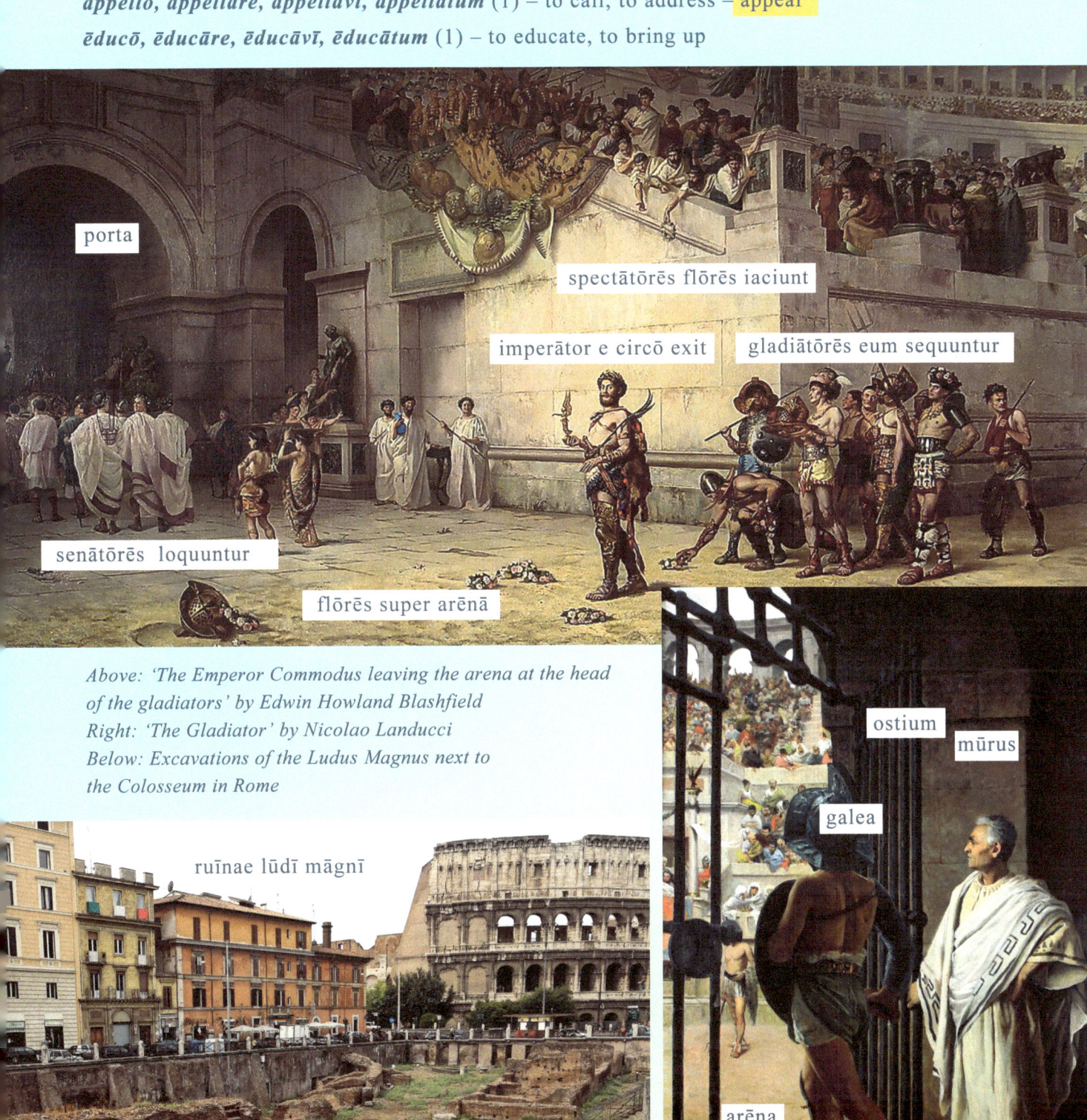

Above: 'The Emperor Commodus leaving the arena at the head of the gladiators' by Edwin Howland Blashfield
Right: 'The Gladiator' by Nicolao Landucci
Below: Excavations of the Ludus Magnus next to the Colosseum in Rome

II. In lūdō puerōrum

Ad lūdum Gāius advenit. In lūdō puerōrum magister dicit: Salvēte discipulī!

Discipulī: Salvē, magister.

Magister: Nomina vocābō. Respondēte 'adsum.' Quīntus Aurelius Flavus!

Quīntus: Adsum.

Magister: Gāius Antonius Faustus!

Gāius: Adsum.

Magister: Hmmm...Et hoc est...?

Gāius: Canis meus, magister. Canīcula timet sōla domī esse...

Magister: Canīcula?? Hic canis maior equō est! Cūr viridis est??

Gāius: Quia herbam solum edit, magister. Herba viridis eī placet.

Magister: Cūr ālās habet?

Gāius: E Galliā hic canis est... canēs barbarōrum ālās habent. Patris meī dīlēctus amīcus hic canis est – dōnum imperātōris! Cum familiā meā habitat. Mēcum in lecto dormit. Pater meus senātor Romanus est... Avunculus matris meae...

Magister: Intellegō. Quod nōmen canī est?

Gāius: Dracō – nōmen barbarum eī est...

Magister: Hmmm... Dracō, sīde illic, apud ostium. Discipulī, elementa sunt quattuor. Quae sunt? Gāī?

Gāius: Aqua, lapidēs, arēna...nūbēs?

Magister: Prāvē respondēs, Gāī. Quīnte!

Quīntus: Elementa sunt īgnis, aqua, āēr, et terra.

Magister: Recte, Quīnte. Discipulī, estne *templōrum māgnōrum Rōmānōrum* genetīvus pluralis aut dativus pluralis? Quis scit?

Gāius: Dativus pluralis.

Magister: Prāvē respondēs, Gāī.

Quīntus: Genetīvus pluralis, magister.

Magister: Rēctē, Quīnte. Cicero dīxit: *Et monere, et moneri, proprium est vērae amīcitiae.* Vērae amīcitiae – quod cāsus, Gāī?

Gāius: Ummm... Genetīvus singulāris!!!

Magister: Rēctē! Optime.

Quīntus: Magister, Gāius discipulus improbus est. Grammaticam Latinam nōn scit. Canis eius viridis respōnsum in tabula scrīpsit et eī ostendit!

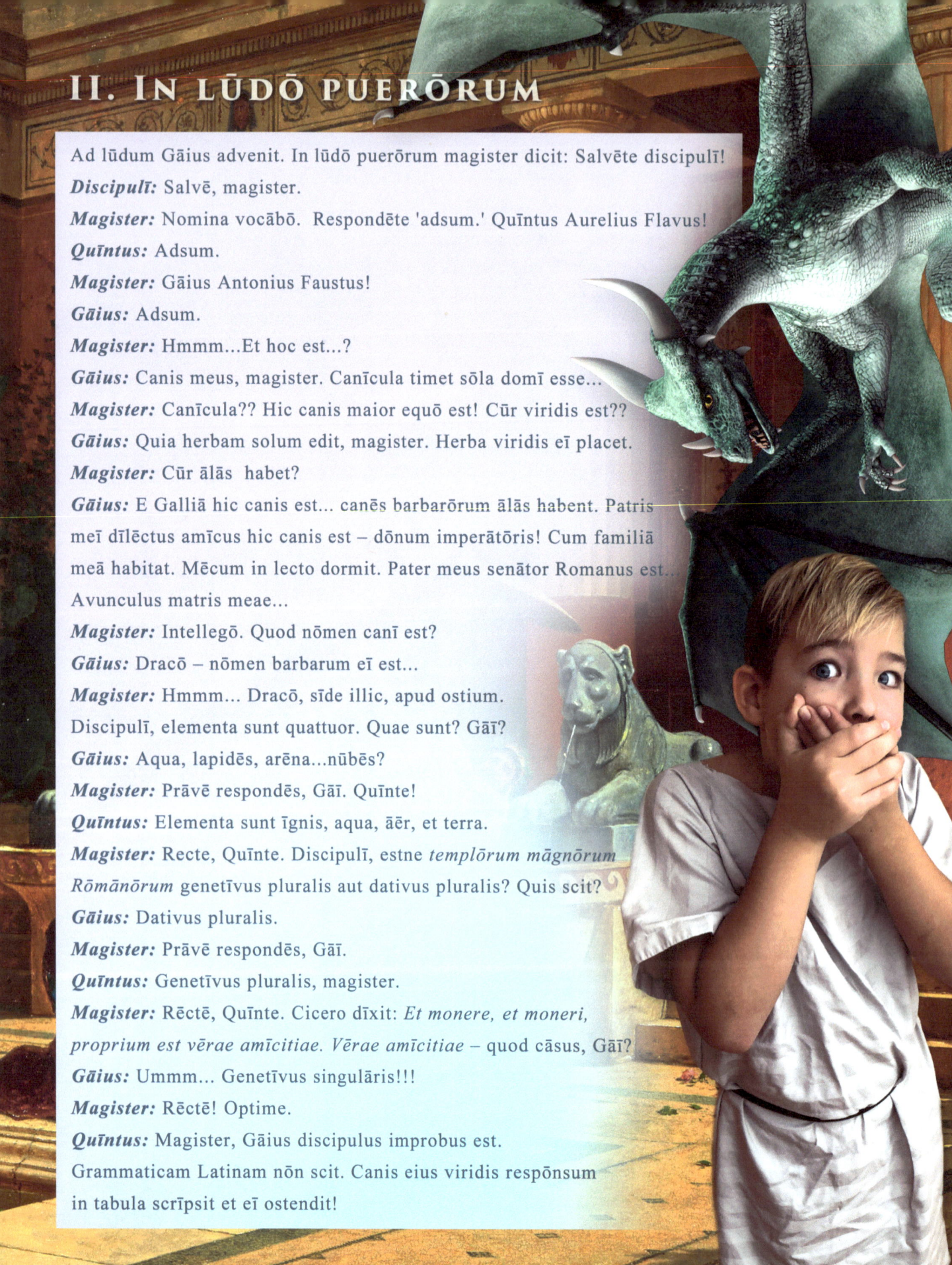

Magister: Quid???

Magister vidit dracōnem cum stylō et tabulā, vidit *genetīvus singulāris* in tabulā scrīptum esse!

"Latine loqueris?" Magister dracōnem rogat.

"Loquor et grammaticam Latinam doceō," dracō respondet.

"Pro Iuppiter!" Magister exclāmat. "Vae nōbīs magistrīs! Canēs viridēs ālātī Rōmae grammaticam docent! Ō tempora! Ō mores! Discēdite!"

Dracō Gāiusque ad ostium currunt et ē lūdō effugiunt.

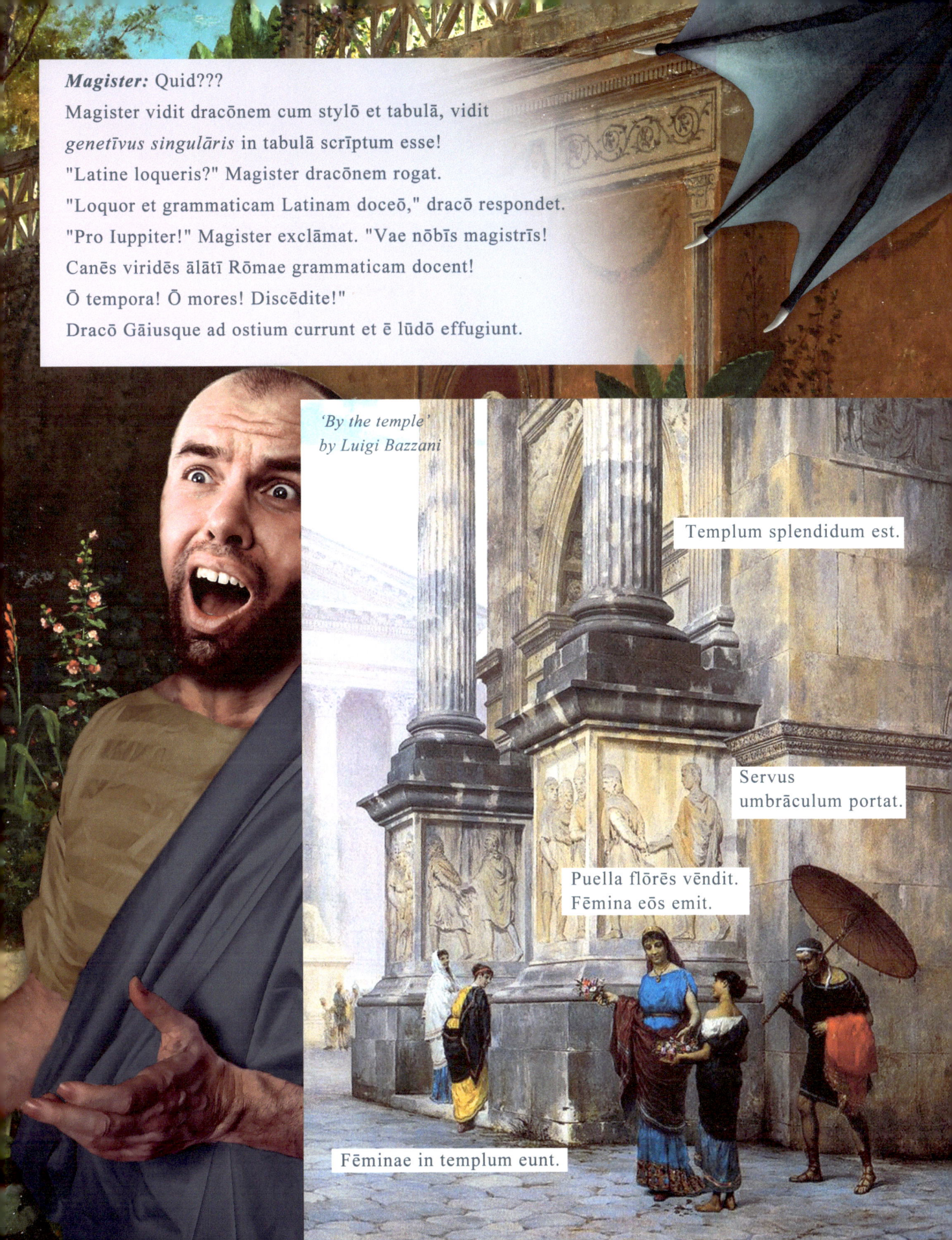

'By the temple' by Luigi Bazzani

Templum splendidum est.

Servus umbrāculum portat.

Puella flōrēs vēndit. Fēmina eōs emit.

Fēminae in templum eunt.

vocō, vocāre, vocāvī, vocātum (1) – to call
vocābō – Indicative Future (Imperfect) – [I] will call
sōlus – single, alone • *solum* – only – solitude
canīcula – doggie (*-cul* 'diminutive' suffix – 'small, precious')
domī – at home – domestic
edō, edere, ēdī, ēsum – to eat – edible
dīlēctus – dear, special
āla, ālae, f (1) – wing • *ālātus* – winged
lectus, lectī, m (2) – bed
avunculus, avunculī, m (3) – uncle
sciō, scīre, scīvī, scītum (4) – to know – science
intellegō, intellegere, intellēxī, intellēctum (3) – to understand – intelligent
sīdō, sīdere, sēdī, sessum (3) – to sit down
sīde – sit! (command form = Imperative mood)
illic – over there
apud – near, close to + Accusative case
ostium, ostiī, n (2) – door
Gāī, Quīnte – Vocative case (address form)
Et monere, et moneri, proprium est verae amicitiae. –
To give advice, as well as to take advice, is a feature of true friendship.
ostendō, ostendere, ostendī, ostentum (3) – to show – ostensible, ostentatious
scrīptus – Past participle – *scrībō, scrībere, scrīpsī, scrīptum* (3) – to write – scribe, script
loquor, loquī, locūtum – to speak, to talk • *latine loquor* – I speak Latin (*latine* = Ablative case)
discēdō, discēdere, discessī, discessum (3) – to leave • *discēdite* – command = Imperative mood
currō, currere, cucurrī, cursum (3) – to run – courrier, course

'School' – ancient Roman relief

Above: Gladius; Below: Ink stand, parchment scrolls, parchment case, wax tablet, and stylus

Vidit eum librum legere.
Librum legit.
Toga eius candida est.

Aquam bibit.
pōculum aquae plēnum

COLORS of ROMAN CLOTHING

The Roman *toga* – a sign of Roman citizenship – was a long piece of wool cloth cut in a semicircle and wrapped around the body. Most togas were cream (undyed) or white.
Toga virilis was a plain cream undyed toga worn by young men as a symbol of their adulthood.
Toga candida – the toga of political candidates – was bleached white as a symbol of honesty. That's where our modern word 'candid' comes from.
Toga praetexta was worn by senators and other Roman officials. It had a purple stripe.
Toga picta was dyed all-purple. It had gold trim and was worn by generals during triumphs and, later, by Roman emperors.
Roman tunics and women's stolas were dyed in many colors – yellow, green, brown, black, and blue. Some fabric dyes were very expensive:
Purple was the most expensive dye, made from pigment found in the shells of sea snails – the Mediterranean Murex. It was called Tyrian purple, since it came from Tyre in Lebanon.
Saffron yellow dye was made from the red stigmas of the saffron crocus – dried and then boiled.
Indigo was another expensive dye. It was made from indigo plants imported from India.
Crimson, or *Kermes*, dye was made by drying and fermenting insects that live in evergreen Kermes oak trees.
The cheap dyes included *blue* made from woad plants, *yellow* made from weld plants, and *green* made from green lichens. Woad came from Gaul and Germania. Ancient Celts used it as war paint.

'Decorating the temple,' and 'Pompeii Street Scene' by Luigi Bazzani

III. ŌRĀTIŌ ANTŌNIĪ

Antōnius, pater Gāiī, senātor Rōmānus est. Cum familiā suā Rōmae habitat. Uxor Antōniī Aurēlia est. Antōnius et Aurēlia duōs līberōs habent. Hī sunt Antonia et Gāius. Hodie Antōnius labōrat. Ōrātiōnem scrībit. Ōrātor ēloquēns est.

"Necesse est mihī crās orationem in senātū habēre," uxōrī dicit. "Dēbeō imperātōrem laudāre verbīs magnificīs. Da mihī consilium. Estne haec ōrātiō bona?"

Antōnius ōrātiōnem uxōrī legit: "Patrēs cōnscrīptī! Quod nōmen in orbe terrārum clārissimum est? Cuius rēs gestae glōriōsissimae sunt? Summus imperātor dīvus, prīnceps optimus, dux ēgregius..."

"Antōnī, cārī," Aurēlia inquit, "Illa ōrātiō laus nōn est, adūlātiō est."

Antōnius: Di omnes! Vērum est! Das mihī bonum consilium! Sed... quid laus sine adūlātiōne est? Quō modo laudāre?"

Aurēlia: Hmmm... Nesciō. Aaaa-a-a-a-a!!! Di boni! Quid illic est?!!"

Antōnius: Quid? Ubi?

Aurēlia: In ātriō illic! Viride...ālās habet...

Antōnius: Avīs? Pāpiliō?

Aurēlia: ...dentēs māgnī...

Antōnius: Mus?

Aurēlia: ...īgnis ex ōre!!!

Antōnius: Līberī, fugite! Servī, quid in ātriō?

Ancillae, "Monstrum!" clāmantēs, ē domū currunt, servī aquam portant – īgnis in ātriō!

"Pater, māter," Gāius vocat, "Hoc monstrum non est, canis meus est! Hic canis ē Lūdō Māgnō fūgit... Canīcula māgna sed dulcis est...ex silvīs Galliae venit...Latine loquitur et grammaticam Latinam docet melius quam lūdī magister!"

"Quō modo Latine loquitur?" Antōnius rogat. "E Galliā, hic canis barbarus est! Barbarī Latine nōn loquuntur."

"Antōnī!" Aurēlia exclamat, "Bestiae fari nōn possunt! Nec canēs Rōmānōrum, nec canēs barbarōrum fari possunt!"

Tum audiunt parentēs vōcem bēstiae: "Domine et domina, Gāiī parentēs, bēstia barbara sed cīvīlis sum!"

Antōnius: Per deōs immortālēs! Latine optime loquitur!

Aurēlia: Aaaa-a-a-a-a!!! Sub mēnsā illic! Monstrum viride!

Dracō: Vere, latine loquor et ōrātiōnēs scrībō, domine! Scrīpsī ōrātiōnēs multīs senātōribus cum in Lūdō Māgnō labōrābam.

Antōnius: Monstrum, da mihī consilium...Cras dēbeō orationem in senātū...

Dracō: Sciō. Audīvī. Iam scrīpsī ōrātiōnem tibi. Audī! "Patrēs cōnscrīptī! Cicero, ōrātōrum Rōmānōrum eloquentissimus, dīxit: Aliās nātiōnēs servitūtem patī possunt, populi Rōmānī est propria lībertās! Quod nōmen in orbe terrārum significat lībertātem optime? Cuius rēs gestae lībertātem nostram nūtriēbant?..."

Antōnius: Ō monstrum! Ōrātor optimus es!

Aurēlia: Monstrum, cārum, quaesō, vis pāvam? Glīrem? Vīnum? Quae pōtiō maxime tibi placet? Servī! Convīvium parāte!

uxor, uxōris, f (3) – wife
ōrātiō, ōrātiōnis, f (3) – speech – oration, orator
habeō, habēre, habuī, habitum (2) – to have
dēbeō, dēbēre, dēbuī, dēbitum (2) – must, have to – debt
laudō, laudāre, laudāvī, laudātum (1) – to praise
laus, laudis, f (3) – praise
prīnceps, prīncipis, m (3) – the first one, a title of an emperor – prince
dux, ducis, m,f (3) – leader
ēgregius – distinguished, famous – egregious
cuius – of whom
orbis, orbis, m (3) – realm, region, orbit
rēs, reī, f – things, affairs, matters – republic
rēs gestae – deeds, events
Antōnī – Vocative case (address form) of Antōnius
adūlātiō, adūlātiōnis, f (3) – flattery – adulation
inquam, inquere (3) – to say
sine – without (+ Ablative case)
quō modo – how? in what way?
dēns, dentis, m (3) – tooth – dental, dentist
ātrium, ātrī / -iī, n (2) – atrium
mūs, muris, f (3) – mouse
īgnis, īgnis, m (3) – fire – igneous
ōs, ōris, n (3) – mouth, face – oral
clāmantēs – screaming, shouting – Present participle
parēns, parentis, m,f (3) – parent
ancilla, ancillae, f – maid, female slave
vocō, vocāre, vocāvī, vocātum (1) – to call – vocal
cīvīlis – polite, refined, civilized
for, fārī, fātum – to talk, to predict –
bestiae fari non possunt – animals can't talk – fate
nec..nec.. – neither... nor
pāpiliō, pāpiliōnis, m (3) – butterfly
tum – then, at that time

Aliās nātiōnēs servitūtem patī possunt, populi Rōmānī est propria lībertas. (Cicero) – Other nations may be able to tolerate slavery, but liberty is peculiar to the Roman people.

Atrium – a reception hall, or a court with a pool (impluvium) to catch rainwater from the roof.

Peristylum – a courtyard garden in a Roman villa

lībertās, lībertātis, f (3) – freedom – liberty
nūtriō, nūtrīre, nūtrīvī, nūtrītum (4) – to feed, to nourish – nutrition, nutritious
nūtriēbant – Indicative Past (Imperfect) – [they] nurture
pāva, pāvae, f (1) – peacock hen (Roman delicacy)
glīs, glīris, m (3) – edible dormouse (Roman delicacy)
vīnum, vīnī, n (2) – wine
pōtiō, pōtiōnis, f (3) – drink – potion, poison
parō, parāre, parāvī, parātum (1) – prepare
convīvium, convīviī, n (2) – banquet, feast – convivial
hic, haec, hoc – this

Roman *pōculum* (cup), 1st century AD

	SINGULAR			PLURAL		
	m	f	n	m	f	n
Nom.	hic	haec	hoc	hī	hae	haec
Gen.	huius	huius	huius	hōrum	hārum	hōrum
Dat.	huic	huic	huic	hīs	hīs	hīs
Acc.	hunc	hanc	hoc	hōs	hās	haec
Abl.	hōc	hāc	hōc	hīs	hīs	hīs

this

a dormouse

'Atrium of a Pompeiian house' by Gustav Boulanger

ātrium cum impluviō

Patres cōnscrīptī

Roman senators were often addressed or referred to as *patres cōnscrīptī* – 'conscript fathers.' It was a reference to the legend that Romulus, who established the Roman Senate, enlisted, or 'conscripted,' the heads of the 100 prominent families of Rome to serve as an advisory council to the king of Rome.

Imperator

In the days of the Roman Republic the Latin word *imperator* meant 'a military commander.' And in the last decades of the Roman Republic *imperator* became an honorary title. The troops greeted their general as *imperator* after important victories. Being proclaimed *imperator* by the troops gave a general the right to ask the Roman Senate to grant him a *triumph* – a public parade held in Rome to celebrate a victory. Later *imperator* became the title of the Roman emperors.

THEY DECORATED THEIR FLOORS with GARBAGE!

Romans often decorated the floors of their dining rooms – *triclīnia* – with mosaics depicting fish bones, pieces of food, oyster shells, and other trash. They were called the 'unswept room' floor designs. The idea was to brag about your wealth by displaying bits of expensive delicacies served at your feasts.

ROMAN FEAST – convīvium

At feasts, to show off, wealthy Romans often served exotic foods, such as roasted peacocks, flamingo and nightingale tongues, parrot heads, dolphin meatballs in wine sauce, ostrich eggs, sea urchins stuffed with eggs and honey, giraffe steaks, sausages made from lamb brain and rose petals, and blood sausages made from the blood of animals sacrificed at temples and killed by gladiators in the circuses. The favorite Roman sauce was **garum**, made from fermented fish guts. Especially highly prized were mackerel guts from Carthage.

At the end of the feast the guests were encouraged to wrap some leftovers in a napkin and take them home as a sign that they had enjoyed the meal.

THEY ATE DOORMICE!

The **glīs**, or 'edible dormouse' was a delicacy in ancient Rome. **Glīrēs** are larger than regular mice. Romans caught wild dormice in the woods, and also raised them at farms, and at home in ceramic containers called the **glīrāria**. **Glīrēs** were eaten as a snack – dipped in honey, stuffed with pine nuts, rolled in poppy seeds, and roasted. Yummmm???

The Roman dining room was called the **triclīnium**. *At the table (***mensa***) Romans ate lying on couches –* **klinai**. *They had tablecloths, but no silverware. Romans ate with their hands. They only used spoons for liquid food. Below: Roman mosaic from the 3rd-5th centuries. Is that trash on the floor, or one of those fancy mosaics?..*

IV. Amor Antōniae

Antōnia, fīlia Antōnii, septendecim annōs nāta, apud parentēs suōs habitat. Puella proba et pulchra est. Hodiē Antōnia laeta nōn est. Trīstis est. Nōn apud familiam suam, sed in cubiculō suō sōla in sellā sedet. Speculum tenet. In speculō sē aspicit.
"Nōnne pulchra sum?" sē interrogat. "Sed Valerius mē nōn amat!" Antōnia lacrimat.
Quis est Valerius? Dominus Rōmanus adulēscēns et magistrātus Rōmae cum multīs officiīs Valerius est. Valerius nec uxōrem nec amīcam habet, in domō māgnificā in Palātiō sōlus habitat. Antōnia Valerium amat et eum nubere vult. Sed Valerius nec ad Antōniam venit, nec dōna eī dat, nec flōrēs et epistulās eī mittit. Antōnia amōrem suum occultat. Sed nōn facile lacrimās occultāre est. Nocte male dormit Antōnia, Venerem et Iūnōnem invocat, et in corde Valerii amōrem excitāre quaerit. Dracō, quī in arbōre apud domum Antōnii habitat, audit vōx Antōniae et invocātiōnēs eius. Fenestra Antōniae aperta est. Nōn clausa est fenestra quia āēr frīgidus Antōniae placet.
Ad fenestram apertam scandit dracō et cum Antōniā colloquitur. Post colloquium Antōnia laeta est!
"Crās!..." dracō dicit. "Iam necesse est tē dormīre."
"Agō tibi gratias, monstrum," Antōnia respondet.

Mane Valerius in equō ad vīllam suam rūsticam viā Latīnā it. In viā, vidit Valerius caelum nōn serēnum esse. Māgnus ventus et tempestas veniunt. Equus quī Valerium vehit, sub arbōrem currit. Subitō gigans ālātus viridis ex arbōre appāret et vōce terribilī dicit:
"Quis sub arbōrem meam venit? Ederō tē et equum tuum iūcundum!"
Equus Valerii saltat. Valerius, exclāmāns,"Nōlī mē edere! Quis es?" ex equō cadit.
"Monstrum sum," gigans respondet. "Dea Iūnō domina mea est! Iūnō mihī imperat edere virōs quī uxōrēs et līberōs nōn habent!"
"Volō marītus esse!" Valerius dicit, "Sed nēmō mē amat!"
Subitō vōx fēminae dicit: "Quod dīcis nōn verum est, Valerī! Egō tē amō!"
Vidit Valerius fēminam pulchram sub arbōrem venire.
Valerius: Esne Antōnia, Antōnii fīlia? Unde venīs? Quid hic agis?
Antōnia: Flōrēs in campīs carpō – dōnum mātrī meae.
Valerius: Ō Antōnia, pulchra es quam ipsa Venus! Vis mē nubere, Antōnia?
Antōnia: Ō Valerī! Beāta sum quod mē uxōrem dūcere vīs!
Valerius: Monstrum, potest Iūnō mihī trēs diēs dare?
Monstrum: Certē. Dea Iūnō tē exspectat Antōniam uxōrem dūcere diēbus proximīs tribus.
Valerius: Grātiās tibi agō, monstrum!
Monstrum: Nihil est.
Monstrum arbōrem scandit et in nūbēs volat.

Roman wedding ring 'manūs in fidē' 3rd century

'omonoia'= 'harmony' in Greek

septendecim annōs nāta – seventeen years old
aspiciō, aspicere, aspēxī, aspectum (3) – to look at
lacrimō, lacrimāre, lacrimāvī, lacrimātum (1) – to weep, to shed tears
adulēscēns, adulēscentis, m,f – a young man/woman under 30 years – adolescent
magistrātus, magistrātūs, m (4) – government official
nec...nec – neither... nor
occultō, occultāre, occultāvī, occultātum (1) – to hide – occult, occultism
cor, cordis, n (3) – heart
excitō, excitāre, excitāvī, excitātum (1) – to wake up, to excite
nūbō, nūbere, nūpsī, nūptum (3) – to marry (about a woman getting married) – nupitals
uxōrem dūcere – to marry (about a man getting married)
aperiō, aperīre, aperuī, apertum (4) – to open – aperture
claudō, claudere, clausī, clausum (3) – to close
colloquor, colloquī, collocūtum (dep) – to talk, to discuss – colloquium
viā Latīnā it – Instrumental Ablative case – 'goes by ... road'
vehō, vehere, vēxī, vectum (3) – to carry – vehicle, vector, vehement
(vehement = vehere "to carry" + mens "mind")
sub arbōrem – sub + Accusative if in motion; + Ablative if still
subitō – suddenly
gigans, gigantis, m (3) – giant
appāreō, appārēre, appāruī, appāritum (2) – to appear – apparition
edō, edere, ēdī, ēsum – eat, devour
ēderō – Indicative Future (Perfect) – I will eat
iūcundus – delicious, delightful
saltō, saltāre, saltāvī, saltātum (1)– to dance, to jump
cadō, cadere, cecidī, cāsum (3) – to fall – case
imperō, imperāre, imperāvī, imperātum (1) –
to order, to command – emperor, imperious
marītus – husband, married man –
marry, marital, marriage
carpō, carpere, carpsī, carptum (3) –
to pluck, to pick
diēbus proximīs tribus –
in the next three days –
Ablative case is used to denote a span of time.

THE PALATINE HILL

The Palatine Hill is the middle of the Seven Hills of Rome. It's the most ancient part of the city. The Palatine Hill was occupied by Imperial palaces and the city houses of the wealthiest Roman citizens.

ANCIENT ROMAN WEDDINGS

In ancient Rome, bride and groom had to show their consent to marriage by appearing in public holding hands. On the wedding day the bride was dressed in white. The wedding ceremony was held at the home of the bride's family and required at least ten witnesses for the marriage to be legal. The bride and groom exchanged vows, invoking Gaia, the Earth goddess. They said:
Bride: *Ubi tū Gaius, ego Gaia.*
Groom: *Ubi tū Gaia, ego Gaius.*
Then the bride was taken to the groom's house by three boys. One carried a torch, and the other two held her arms. The groom carried the bride in his arms into the house and handed her the house keys. The bride lit the oil lamps in the house using the torch carried by one of the boys. Then she blew out the torch and threw it to the guests who scrambled to catch it. Then the groom held a feast for the bride's family.
Many modern wedding customs come from ancient Rome, such as:
- An engagement ring was worn on the third finger of the left hand.
- A bride wore a white wedding dress, a veil, and had a bridesmaid.
- A sacrifice to Jupiter at the wedding was the wedding cake!

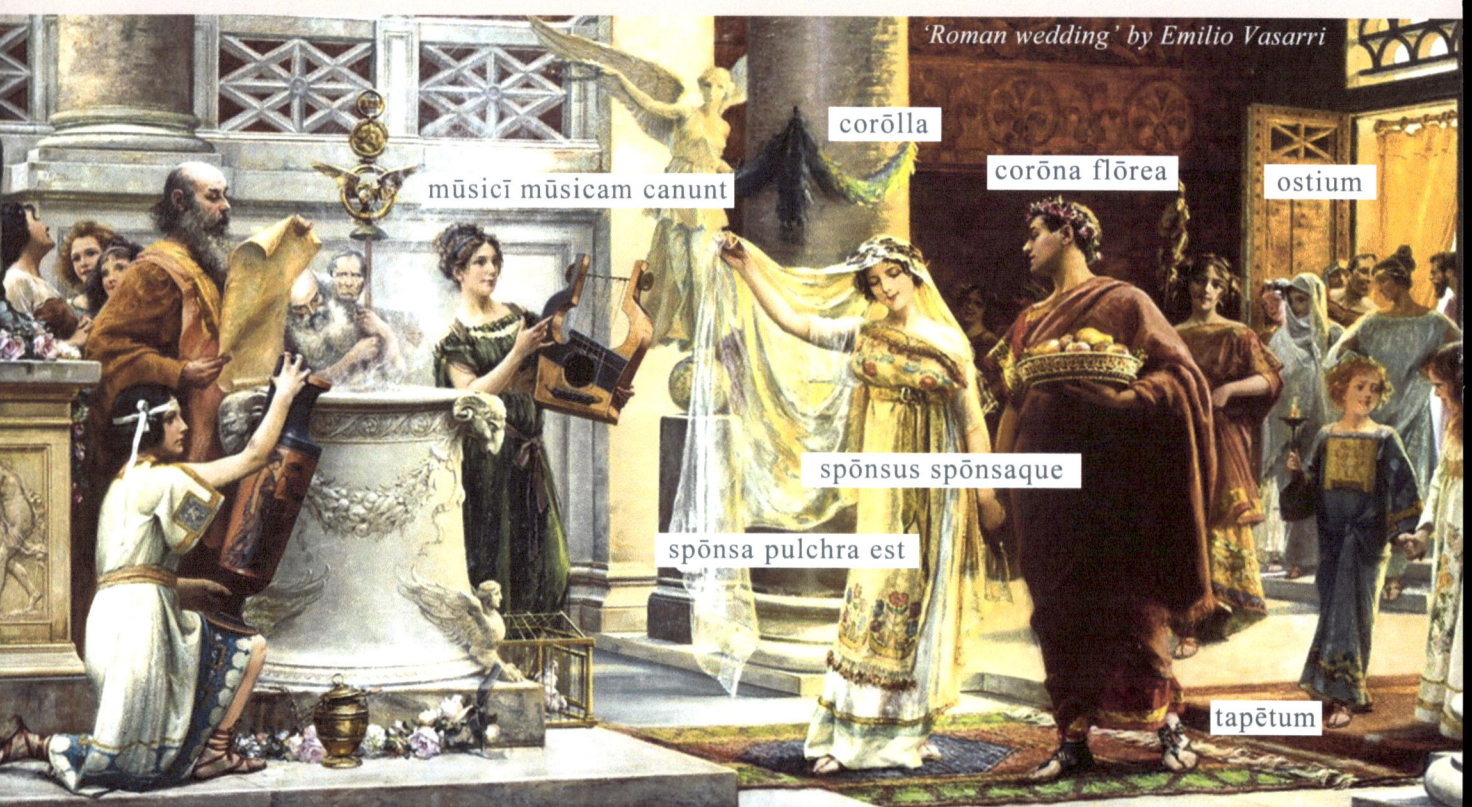
'Roman wedding' by Emilio Vasarri

Roman wives had a lot of authority. They had the final say in running their household, in their children's education, and often managed their husband's private and financial affairs. They shared in any honors given to their husbands.

Left: 2nd-century Roman relief depicting marriage ceremony

Right: 'Roman bride' by Alcide Théophile Robaudi

'Roman wedding' by Edwin Howland Blashfield

spōnsa gerit stolam albam

familia spōnsae

līberī cantant et saltant

herba viridis

V. Interpres Imperātorī

Antōnius amīcum suum in viā vidit. Pius Aemilius senator est.

Antōnius: Te, Aemilī, in conciliō herī nōn spectāvī. Ubi erās?

Aemilius: Adesse non pōteram. Necesse erat mihī interpretem linguārum barbarōrum invenīre. Imperātor captīvum ē Germāniā Māgnā per interpretem interrogāre vult. Captīvus dux Germānorum est. Sed difficile interpretem linguārum Germānōrum Rōmae invenīre est. In Lūdō Māgnō multī gladiātōrēs Germānī sunt, sed Latine nōn bene loquuntur.

Antōnius: Hmmm.... Nōscō interpretem bonum. Opus interpretātiōnis optimē scit. Captīvus ē Galliā est. In Lūdō Māgnō labōrābat, sed labor gladiātōris eī nōn placet. Hic interpres ē lūdō fūgīt et in arbōre apud domum meam habitat.

Aemilius: Potest ex arbōre dēscendere et imperātōrī interpretārī? Imperātor eum lībertābit, et eī praemium dabit.

Antōnius: Hic interpres foedus est, Aemilī, barbarus est... magis similis monstrī aut dracōnis quam hominis...

Aemilius: Imperātor monstra non timet. Vocā eum!

Post tres hōrae...

Imperātor: Salvē, Antōnī! Ubi est monstrum tuum doctum?

Antōnius: In hāc arbōre, prīnceps. Dracō, hūc venī!

Cauda dracōnis ex arbōre appāret.

Dracō: Salvē, prīnceps!

Imperātor: Et tū salvē, monstrum. Unde venīs?

Dracō: E montibus altīs Galliae et silvīs obscūrīs trāns Rhēnum in Germānia Māgna, prīnceps, ubi nōs dracōnēs terribilēs habitāmus.

Imperātor: Vidēbam multōs dracōnēs in Galliā. Et in caelīs Germāniae dracōnēs volāre vidēbam. Ferōcēs, sed pulchri et sapientēs dracōnēs Europae sunt. Multum sciunt illae bēstiae, plūs quam hominēs barbarī. Color viridis caudae tuae mihī placet. Loqueris linguīs barbarōrum, dracō? Potes interpres esse?

Dracō: Certe, prīnceps.

Imperātor: Rogā hunc captīvum quis est.

Dracō [captīvō, linguā Germānōrum]: Rogat imperātor quis es.

Barbarus captivus: bar-bar-bar-bar!

Dracō: Dīcit sē fīlium esse rēgis barbarōrum. Pater eius, dux ēgregius, multa castra et multa milia mīlitum trāns Rhēnum habet.

Imperātor: Cūr pater eius pācem non vult, et Galliām, prōvinciam nostram, oppūgnat?

Dracō [captīvō, linguā Germānōrum]: Rogat cūr rex Germānōrum, pater tuus ēgregius, pācem non accipit, et Galliām, prōvinciam imperiī Rōmānī, oppūgnat?

Barbarus captivus: bar-bar-bar-bar!

Dracō: Dīcit Germānōs velle amīcōs Rōmānīs esse, sed Gallī, sociī Rōmānōrum, sine causā bellum adversus Germānōs benīgnōs gerunt. Dīcit quod Germānī pro patriā sua pūgnant et quod patriam semper dēfendere parātī.

Imperātor: Agō tibi gratias, interpres. Quid cupis praemiō?

Dracō: Equum cupiō.

Imperātor: Amās equōs edere?

Dracō: Minimē, prīnceps. Quaerō donum amīcō meō, fīliō Antōnii, Gāius Antōnius Faustus nōmine. Hic puer mihī dīxit "Ubi vir ero, eques ero." Ergo volo eī equum dare.

Imperātor: Ō dracō, amīcus vērus es! Habēbis quod quaeris. Valē!

concilium, concilī, n (2) – council, public gathering, Senate assembly – council
inveniō, invenīre, invēnī, inventum (4) – to find, to discover – to invent, inventor, invention
interpres, interpretis, f (3) – interpreter
captīvus (1, 2) – captive
nōscō, nōscere, nōvī, nōtum (3) – to know, to be acquainted with
interpretātiō, interpretātiōnis, f (3) – interpretation, explanation
interpretor, interpretārī, interpretātum – to interpret
lībertābit, dabit – Indicative Future (Imperfect)
praemium, praemiī, n (2) – reward – premium
foedus – ugly
magis – more (adverb)
similis – similar to, looks like + Genitive case – similar
hōra, hōrae / -āī, f (1) – hour
cauda, caudae, f (1) – tail
sapiēns – sapientis – wise
milia – thousands
mīles, mīlitis, m (3) – soldier – militant, militia
oppūgnō, oppūgnāre, oppūgnāvī, oppūgnātum (1) – to attack
accipiō, accipere, accēpī, acceptum (3) – to take, to accept
gerō, gerere, gessī, gestum (3) – to carry out, manage
bellum gerere – to wage war
socius, sociī, m (2) – fellow, ally, partner
cupiō, cupere, cupīvī, cupītum (3) – to wish, to desire
eques, equitis, m (3) – knight, cavalry (equestrian) soldier

One of the biggest military defeats in Roman history was the battle of Teutoburg Forest in AD 9. Led by prince Arminius, Germanic tribes destroyed three Roman legions and stopped the Roman conquest of Germania Magna, east of the river Rhine. Below: 'Battle of Teutoburg Forest' by Otto Albert Koch

PRINCEPS

Originally *princeps* ('the first one,' the 'chief') was the title of the leading member of the Senate of the Roman Republic. Later it was adopted as a title by Augustus, the first Roman emperor who ruled from 27 BC to AD 14. *Princeps* soon became a form of address when talking to an emperor. However Emperor Diocletian, who reigned from AD 284 to AD 305, demanded to be called *dominus* – lord, master – instead of *princeps*.
As a result, the Roman Empire from Augustus to Diocletian is called *the principate*, and from Diocletian to the fall of Rome – *the dominate*.

Centuriō Rōmānus irātus est.

Barbarī sub monte sagittant.

Hae incolae Britanniae nōn labōrant. Eī requiēscunt et cēnam parant.

'Building Hadrian's wall' by William Bell Scott

In AD 122, in the reign of the emperor Hadrian, the Romans built **vallum Hadriānī** – Hadrian's wall – across England (Roman province of Britannia) from the Irish Sea to the North Sea, to help protect the Roman colonies in the South of England from Picts and other tribes from the North.

Below: Hadrian's Wall today

vallum Hadriānī in Britanniā

VI. Latrōnēs

Dormit Gāius in lectō suō in cubiculō suō. Aurēlia, māter eius, puerum excitat,
"Māne est! Tempus est ad lūdum īre! Surge ē lectō!"
Gāius faciem lavat, tunicam induit, deinde pānem ēst.
"Sūme tabulam et stylum, et abī!" Aurēlia dicit.
Gāius cum Felix, servō Antōnii, ad lūdō ambulat. Per agrōs eunt. Per agrōs fluit flūmen parvum. Prope flūmen sunt flōrēs pulchrī. Diēs erat pulcher. Caeruleum est caelum. Iam necesse est per silvam ambulare. Sub umbra arbōrum lūx obscūra est.
Subitō, in silvā, ā dextrā et ā sinistrā duo virī sunt in cōnspectū. Illi virī māgnā vōce clāmant:
"Stāte! Quantam pecūniam habētis? Eam nōbīs date! Properāte! Si id nōbīs nōn datis, vōs occīdēmus!"
"Latrōnēs!" Felix exclamat.
Multī et saevī latrōnēs per viās Italiae sunt. Nēmō potest sē dēfendere. Nēmō eōs vincere potest. Cum mīlitēs Rōmānī latrōnēs oppūgnant, latrōnēs ad montēs fugiunt. Multī servī Rōmā effugiunt et cum latrōnibus habitant. Multī gladiātōrēs ē lūdō effugiunt et latrōnēs pūgnāre docent.

"Gāī, curre, et ē cōnspectū eōrum properā!" Felix inquit. "Ego cum latrōnibus loquar... Nūlla arma habeō, nōs dēfendere nōn possum!"
"Te nōn relinquam!" Gāius inquit et latrōnēs salūtat: "Dominī latrōnēs, nūlla pecūnia nōbīs est. Puer sum in viā ad lūdum cum servō patris meī."
"Estne pater tuus pecūniōsus?" latrōnēs rogant. "Deditne pater tuus tibi pecūniam lūdī magistrō? Carissimum est in lūdō discere! Serve! Quid inest in sacculō tuō?"
"Haec, in sacculō, pecūnia nōn est nostra," Felix inquit, "sed lūdī magistrī!"
"Eam nōbīs date!" latrōnēs īrātī clāmant, gladiōs tenentēs.
Multum timet Felix. Invocat: "Ō Diāna! Servā nōs, domina silvārum!"
Subitō audiunt vōcem ē silvā: "Sistite, virī improbī, et gladiōs vestrōs in flumen iacite."
Latrōnēs, quī id nōn exspectant, "Quis es?" rogant.
"Diāna dea," vōx arcāna respondet. "Domina silvārum et montium."
Duae ālae viridēs ex arbōre appārent.
"Si Diāna es, cūr ālās habēs?" latrōnēs rogant.
"Quia esurio!" Diāna rīdet.
Quam timidī sunt latrōnēs! Rogant: "Quid edis?"
"Cerebra latrōnum libenter edō," dea viridis respondet.

Latrōnēs gladiōs suōs in flumen iaciunt et currunt.

"Manēte!" Diāna latrōnibus imperat. "Sacculōs vestrōs hic in terra pōnite!"

Latrōnēs sacculōs suōs ad terram iaciunt et ad montēs fugiunt.

"Grātiās tibi agō, dracō, quod nōs servāvistī!" Gāius dicit.

Dēscendit dracō ex arbōre et pecūniam ē sacculīs latrōnum numerat.

"Māgnam pecuniam dēsīderō," inquit. "Cupiō ornamenta emere – gemmās et margarītās!"

"Quorsum ornamenta cupis?"

"Est mihī amīca in Galliā, fēmina serpēns pulchra familiae dracōnum nōbilis. Alās roseās habet! Astronomiam scit! Elephantem tōtum edere potest! Ignis ex ōre eius caerulus est! Eam amō, et uxōrem dūcere cupiō. Ornamenta cara dōnō eī emam."

latrō, latrōnis, m (3) – robber
surgō, surgere, surrēxī, surrēctum (3) – to rise – surge
faciēs, faciēī, f (5) – face, appearance
lavō, lavāre, lāvī, lavātum / lautum (1) – to wash – lavatory
deinde – then
induō, induere, induī, indūtum (3) – to put on [clothes]
sūmō, sūmere, sūmpsī, sūmptum (3) – to take
- to consume, assume, presume, resume, etc.
abeō, abīre, abiī / abivī, abitum – to leave, to disappear
timidus – scared
ā dextrā et ā sinistrā – from the right and from the left
in cōnspectū – in sight
stō, stāre, stetī, statum (1) – stop, stand – static
pecūnia, pecūniae, f (1) – money
properō, properāre, properāvī, properātum (1) – hurry
occīdēmus – Indicative Future (Imperfect)
saevus – savage, cruel • *Rōmā* – from Rome • *cum* – when
loquar – I will talk – Indicative Future (Imperfect)
pūgnō, pūgnāre, pūgnāvī, pūgnātum (1) – to fight
relinquō, relinquere, relīquī, relictum (3)
– to leave behind, to abandon – relic
dedit – Indicative perfect – dare – to give
sacculus, sacculī, m (2) – purse, money bag
saccus, saccī, m (2) – regular bag – sack
tenēns – tenentēs – Present participle – holding
sistō, sistere, stitī / stetī, statum (3) – to stop
iaciō, iacere, iēcī, iactum (3) – to throw
servō, servāre, servāvī, servātum (1) – to guard, to save
duae – two, feminine gender (duo – m.,n., duae – f)
arcānus – mysterious, secret – arcane
rīdeō, rīdēre, rīsī, rīsum (2) – laugh, mock
– ridiculous, ridicule
ēsuriō, ēsurīre, ēsurīvī, ēsuritūrum (4) – to be hungry
cerebrum, cerebrī, n (2) – brain – cerebral
maneō, manēre, mānsī, mānsum (2) – to stay, to remain
- manor, mansion, permanent, immanent, remain, etc.

4th-century Roman earrings – sapphires, emeralds, and pearls

6th-century Roman earrings

Romans loved snake bracelets! They were worn on wrists and upper arms.

A portrait from the Fayum area in the Roman province of Egypt. Portraits like this were placed over the face of a dead person's mummy.

pōnō, pōnere, posuī, positum (3) – to put, to lay down
numerō, numerāre, numerāvī, numerātum (1) – to count – numeral
dēsīderō, dēsīderāre, dēsīderāvī, dēsīderātum (1) – to wish for, desire, miss
ornāmentum, ornāmentī, n – jewel, piece of jewelry
emō, emere, ēmī, ēmptum (3) – to buy
emam – Indicative Future (Imperfect) – I will buy
gemma, gemmae, f (1) – gem, jewel
margarīta, margarītae, f (1) – pearl
Quorsum? – For what purpose?

a Roman cameo ring

a Roman intaglio signet ring

SINISTER and AUSPICIOUS

Ancient Romans practiced 'augury' – *augurātiō* – a type of divination (fortune-telling) based on the behavior of birds who were believed to be the messengers of Jupiter.
If a bird appeared on your left, it was an 'ill omen,' a sign predicting misfortune.
So the Latin word *sinister* – left – came to mean 'harmful, evil.' Another English word that originated in augury is *auspicious* – positive, bringing good luck. It comes from the Latin *auspicium* – 'watching birds.' *Auspicium* is made of two ancient roots:
au – bird or egg (the English word *egg* comes from the same root!)
spec – to observe (the English words *respect, inspect, despise, bishop, spy, scope, spectacle, species, spice, suspect* and many others have the ancient root 'spec' in them.)

ANCIENT ROMAN GEMSTONES and JEWELRY

In the 1st – 2nd centuries, Roman men used to wear multiple rings. But after the 2nd century wearing rings became perceived as unmanly, so men wore just one ring. Rings were worn higher on the fingers than we wear them today. That's why Roman rings seem so small. The most popular gemstones in ancient Rome were garnet, amethyst, quartz, and carnelian. Romans also loved amber from the Baltic Sea. Most ring stones had an image carved into them – either an *intaglio* (image carved below the gem surface), or a *cameo* (image raised above the gem surface). For women, bracelets, earrings, necklaces, toe rings, and hair pins were the most popular jewelry. Many intaglio-carved gemstones were signet rings – rings used to stamp a signature image into wax, to seal documents.

another Fayum portrait showing typical Roman jewelry

VII. A Multis Hostibus Oppūgnātus

Nox est. Dormit dracō in arbōre apud domum Antōnii. Subitō audit:
"Miau! Miau! Quis in arbōre meā sedet? Quid hic agis?"
Ecce Pluto, cattus Aurēliae. Bēstiola ferōx Pluto est. Multās murēs avēsque capit, interficit, et edit cotīdiē! Aurēlia eum amat. Rōmānī cattōs suōs adorant. Cattī in Rōmam ex Aegyptō vēnērunt. Vocābulum 'cattus' ē linguā Aegyptiōrum vēnit. Prius, Rōmānī cattum 'fēlēs' vocāvērunt. Rōmānī putant cattōs dīvīnōs esse, ut deī Aegyptiōrum, et in templīs cattōs admittunt. Militēs Rōmānī cattōs in castrīs suīs habent. Catti cibum eōrum dē muribus prōtegunt.

Pluto: Ex arbōre exi! Haec arbōr mea est!
Dracō: Hanc arbōrem dominus Antōnius mē dedit.
Pluto: Dominus tuus dominus nūllus est! Domina Aurēlia domina vēra est!
Ea mihī imperat edere bēstiās quae in arbōrem nostram veniunt!
Dracō: Quid?!!! Putās mē murem esse? Discēde, catte stupide!

Paulō post...
Pluto: Dea mea, Aurēlia... Monstrum terribile in arbōre apud domum tuam habitat et mē edere vult!
Aurēlia: Cattus meus cārus! Bēstia mea dīvīna!
Pluto: 'Cattus stupidus' mē vocāvit! 'Catti bene sapiunt,' dīxit. 'Haec femina foeda' tē vocāvit!
Ei nōn placemus. Sē dominum familiae putat. 'Haec domus et hī liberi meī sunt!' monstrum dīxit.
Aurēlia: Horribile! In perīculō sumus!!
Pluto: Pūgnābam fortiter contrā id pro familiā tuā et domus tuā, sed ferōx et viride est! Ignis ex ōre!
Aurēlia: Ille est dracō malus fīliī meī!

Post duo hōrae...
Aurēlia: Ille dracō apud domum meam nōn habitābit! Prohibeō! Veto! 'Femina foeda'
mē vocāvit! Quid de eō? Quam fōrmōsus est!
Gāius: Mamma, hoc certissime lāpsus linguae erat! Nōn dubitō dracō monstrum cīvīle est
et omnēs sciunt tē pulcherrimam tōtius imperiī Rōmānī esse.
Antōnius: Aurēlia, carissima, nōn crēdō monstrum nostrum perīculōsum esse.
Imperātor ipse id laudat!
Aurēlia: Nōlō monstrum malum apud domum meam vidēre! Prohibeō monstrō cum fīliō meō
lūdere et in domum nostram venīre! Cēna parata est.
Gāius: Pater, Mamma, Cicero dīxit: 'Amici probantur rēbus adversīs.' Dracō noster, amīcus vērus,
mē multum iuvābat. In lūdō mihi coniugātiōnem verbōrum...
Antōnius: Gāī, Cicero quoque dīxit: Ex malīs ēlige minimum! Mātrī suō pārē.

hostis, hostis, m,f (3) – enemy
bēstiola, bēstiolae, f (1) – little beast
mūs, muris, f (3) – mouse, rat
interficiō, interficere, interfēcī, interfectum (3) – to kill, to destroy
paulō post – soon after
capiō, capere, cēpī, captum (3) – catch, seize
cotidie – every day
ut – as
castrum, castrī, n (2) – fort, castle
cibus, cibī, m (2) – food
prōtegō, prōtegere, prōtēxī, prōtēctum (3) – to protect
sapiō, sapere, sapīvī / sapiī (3) – to taste
bene sapit – delicious, tastes great
perīculum, perīculī, n (2) – danger
fortiter – bravely
prohibeō, prohibēre, prohibuī, prohibitum (2) – prevent, prohibit
vetō, vetāre, vetuī, vetitum (1) – to forbid, to reject – veto
Quid de eō? – How about him? • *fōrmōsus* – beautiful
fōrmōsus = natural beauty; *pulcher* = tasteful, elegant
lāpsus linguae – slip of the tongue – lapse
dubitō, dubitāre, dubitāvī, dubitātum (1) – to doubt
lūdō, lūdere, lūsī, lūsum (3) – to play
ipse, ipsa, ipsum – himself, herself, itself
parō, parāre, parāvī, parātum (1) – to prepare
Cēna parata est – Dinner is ready.
Amici probantur rebus adversis. – Friends are proved by adversity.
Ex malīs ēlige minimum. – Of the evils choose the smallest one.
pāreō, pārēre, pāruī, pāritūrum (2) – to obey
pārēre mātrī – *pārēre* + Dative Case

Ancient Egyptian statuette of the goddess Bastet, and a cat sculpture representing Bastet.

fēlēs vs cattus*

It's likely that cats were first domesticated in Ancient Egypt, where they were considered sacred animals. Domestic cats were brought to Europe around the 5th century BC, but for a long time they were not as popular in Ancient Rome as wild ferrets and other weasels kept in Roman houses to catch rats and mice. Ferrets were called *fēlēs*, and initially all rat-catching animals were *fēlēs* – that's where the word 'feline' comes from. However, around the 1st century the word *fēlēs* was replaced by *cattus*, the word that had originated in Egypt and was used specifically for domestic cats. The Roman army brought cats with them to forts all over Europe, introducing the domesticated cat to Europeans.

* *vs* is the abbreviated form of *versus* – 'turned in the opposite direction' – past participle of *vertere* (to turn). In English *vs* means 'against,' 'in contrast to,' 'as opposed to.'

'Cat' mosaic from Pompeii depicts the Egyptian Mau, one of very few breeds of spotted cat. It is a descendant of the African wild cat domesticated by the Ancient Egyptians.

'Idleness' by John William Godward

Silver Egyptian Mau. Mau's spots occur on the very tips of the hairs of its fur. 'Mau' means 'cat' in the ancient Egyptian language and comes from 'mew,' the sound cats make.

VIII. Nūntium Malum

Antōnius in domum intrat. "Pater domī!" Gāius exclamat.

Antōnius laetus est quod familia eius adest.

Pater fīliō salūtat: "Salvē, fīlī!"

"Salvē, pater!" Gāius respondet.

Aurēlia virō suō ōsculum dat. "Quid agis?" rogat.

"Male," Antōnius dicit. "Nūntium malum tibi afferō. Necesse est mihī ā vōbīs discēdere."

Aurēlia: Quō ībis?

Antōnius: Crās ad Galliam ībō. Imperātor mē ad exercitum nostrum in Galliā nūntiō mittit – nūntium imperātōris ad ducēs Germānōrum afferre.

Aurēlia: Nōli ā nōbīs discēdere! Ad barbarōs nōli īre!

Aurēlia lacrimat.

Antōniō silente, Gāius rogat: "Nōnne multa perīcula circum fīnēs imperiī nostri sunt? Nōnne hostēs saevī errant in silvīs Galliae, et Germānī ferī bellum parant trāns flūmen quod Germāniam Māgnam ab imperiō Rōmānō dīvidit? Nōnne bēstiae ferōcēs in terrās aliēnās habitant?"

Antōnius: Multī hostēs sunt apud fīnēs prōvinciārum nostrārum. Germānī cum multis populīs pūgnant et eos superant. Nunc imperium Rōmānum oppūgnant. Multī autem barbarī benignī sunt et Rōmānōs occidere nōlunt. Mīlitēs nostri contrā latrōnēs et Germānōs pūgnant, et patriam nostram ab hostibus dēfendunt. Mīlitēs Rōmānī melius pūgnant, quam Germānī. Arma nostra meliōra est quam arma Germānōrum. Mīlitēs nostrī optimē armati. Legiōnēs nostrae fortēs cum ducibus Rōmānīs semper vincunt. Valerius, vir sorōris tuae, mēcum ad Galliam ībit. Sagittārius optimus Valerius est. Felix mēcum ībit. Servus bonus est. Nūllam rem timē!

Aurēlia: Quandō revertēris?

Antōnius: Nescio. Nōlī tristis esse, Aurēlia. Nōn diu procul a tē aberō.

Gāius: Pater, licetne mihī tēcum ad Galliam īre? Rem mīlitārem discere volō!

Antōnius: Immo. Nōn licet tibi abesse. Dēbēs cum mātre manēre et in lūdō bene discere. Scrībam epistulās tibi, in quibus de bellō tibi nārrābō, et arcum Germānum sagittāsque tibi mittam.

Gāius: Agō tibi gratias, pater, sed nōlō Romae manēre. Volō patrī meō in Galliā iuvāre. Tēcum eō, et pro patria pugno, per multa pericula, ad victōriam!

Aurēlia: Nōlī eum audīre, Antōnī. Hic manēbit. Bene. Cras diēs novus est. Nunc necesse est rēs tuās parāre – cibum, vestīmenta, librōs, arma.

Mediā nocte, in arbōre...

Gāius: Dicit pater: 'Valē, Rōma! Valē familia!' Sūmpsit rēs suās et āfuit. Māter lacrimās tenēre nōn poterat...Soror mea plōrābat.

Gāius plōrat. Dracō lacrimat.

Dracō: Et ego domum, ad Germāniam Māgnam, volābō. Māter tua prohibuit mihī in hāc arbōre habitāre.

Gāius: Nōlī abīre! Uhu-uuuu.... Nōlō hic manēre! Volō patrecum īre!

Dracō: Nōn vīs manēre? Cūr autem mānsistī?

Gāius: Prohibuit pater eōcum īre. Sōlō, nesciō quō īre? Quōmodo Galliām invenīre?

Rīdet dracō... et rīdet... et ridet...donec ex arbōre cadit!

Dracō: Nescīs quōmodo Galliām invenīre? Ha-ha-ha-ha! Volā ad septentriōnes! Cum ad septentriōnes volās, ecce oriēns a dextrā, occidēns a sinistrā, et merīdiēs post tē est! Facilē! Errāre nōn potes!

Gāius: ... sed ālās nōn habeō! Hominibus diī ālās nōn dedērunt. Volāre nōn possum!

Dracō: Hmmm.... Dracōnibus autem diī ālās dedērunt! Vīs mēcum volāre?

nūntium, nūntiī, n (2) – news, message
nūntius, nūntiī, m (2) – messenger, embassador
ōsculum dare – to give a kiss
afferō, afferre, attulī, allātum (irr) – to bring
adsum, adesse, adfuī / affuī, adfutūrum – to be present, to be near
ībō, ībit – Indicative Future (Imperfect) – I will go, he will go
quō – where to
exercitus, exercitūs, m (4) – army
perīculum, perīculī, n (2) – danger, peril

ruins of the forum in 1742, and now

fīnis, fīnis, m,(f) – boundary, limit – finite
autem – however
ferus – wild
errō, errāre, errāvī, errātum (1) – to be lost, to wander – error

legiō, legiōnis, f (3) – legion
populus, populī, m (2) – people
superō, superāre, superāvī, superātum (1) – to overcome, to rule
occīdō, occīdere, occīdī, occīsum (3) – kill in battle, slay, cut down
quandō – when
revertō, revertere, revertī, reversum (3) – to turn back, to return
reverteris – Indicative Future (Perfect) – you will return
sagittārius, sagittāriī, m (2) – archer
procul – far, far away
absum, abesse, āfuī, abfutūrum – to be absent
diu – for a long time
licet, licēre, licuī (2) – permitted, allowed – license
mihī licet + infinitive – I can, I am allowed
arcus, arcūs, m (4) – bow – arc

forum Rōmānum

sagitta, sagittae, f (1) – arrow
āfuit – he has left – Indicative perfect – *abesse*
sūmpsit – has taken – Indicative Past (Perfect)
abeō, abīre, abiī / abivī, abitum – to leave, go away
mānsistī – you have remained – Indicative Past (Perfect)
quōmodo – how, in what way
donec – till, until
ecce – Look! Behold! See! Here is...

septentriō, septentriōnis, f – North, the seven stars of the Big Dipper
merīdiēs, merīdiēī, m, f (5) – South, midday
oriēns, orientis, m (3) – East, sunrise
occidēns, occidentis, m (3) – West, sunset

Germanic fibulae (pins); left: 4th century; silver overlaid with gold, garnets; right: silver disk with slices of garnet over gold foil

NORTH

The Latin word for "the north" is *septentriones*. Its first meaning is the seven stars of the Big Dipper, which the Romans called the Seven Oxen.

EAST and WEST

Latin word *oriēns* means sunrise, and East. The word *occidēns* means sunset, or West. These words are the sources of the English words oriental (Eastern) and occidental (Western).
oriēns comes from the Latin verb *oriri* – to rise
occidēns comes from *occidere* – to fall

'Arminius says goodbye to his wife Thusnelda' by Johannes Gehrts; Arminius was a German prince who learned to speak Latin, joined the Roman army, received Roman citizenship, and then returned to Germania, and led the alliance of Germanic tribes to defeat the Romans in the battle of the Teutoburg Forest.

GERMANIA

In the 1st century two Roman provinces populated by Germanic tribes were located along the valley of the Rhine river – Germania Superior and Germania Inferior, the Upper and the Lower Germanies. Beyond the Rhine lay Germānia Māgna (or Germānia Lībera) – the Great (or Free) Germany – which was not a part of the Roman Empire. Unlike the peoples of Gaul, Germanic tribes successfully resisted romanization, preserving their own culture, language, and religion. They constantly raided the Roman provinces, as well as fought between themselves. The 4th century saw the beginning of the great Germanic migration, when vast numbers of warlike migrants broke Roman defenses at the northern borders, occupied the northern Roman provinces, and eventually sacked Rome.

IX. In Galliā

Aurēlia epistulam fīliī suī legit et lacrimat.

"Gāius Antonius Faustus mātrī suae Aurēliae s.d. Māter, hodie volābō ad Galliām in dorsō dracōnis meī. Patrem vidēbō et patriam nostram dēfendam. Nōlī tristis esse! Mox revertam!"

In caelō caerulō, sub nūbibus, volat dracō. In dorsō dracōnis, inter ālās viridēs, Gāius sedet. Ventus frīgidus eī placet. Trāns montēs, vallēs, et flūmina volant cum aquilīs.
"Puer bonus es," dracō dicit, "quod mātrī tuae epistulam scrīpsistī. Māter tua tristis est quod fīlium suum vidēre nōn poterit. Dēbent fīliī fīliaeque mātrēs suās honōrāre. Ego mātrem meam honōrō, et ovēs optimōs eī fūror. Māter mea, domina caelōrum, ālās nigrās habet. Equum tōtum equitecum edere potest!"

Infra sē videt Gāius silvās et flūmina et montēs, et inter montēs vallēs, sed nūlla oppida, nūllōs pontēs, nūllōs agrōs, nūllās viās.
"Illi montēs Alpēs sunt," dracō inquit, "montēs Eurōpae altissimi, quī Galliām ab Italiā dīvidunt." Post duo hōrae..."Illud flūmen Rhēnus est. Rhēnus Germāniam Māgnam ab imperiō Rōmānō dīvidit."
"Quid?" Gāius exclamat. "Iam in Germāniā Trānsrhēna sumus?"
"Certe," dracō respondet, "Ex imperiō Rōmānō discessimus. Illic Hercynia silva, maxima silva Eurōpae est. Nōs dracōnēs celeriter volāmus!"
Volat dracō in orbem suprā silvam et circum montem viridēs, et dēscendit.

Gāius: Scīsne ūnicornēs in Hercynia silva esse?
Dracō: Certe. Mīrābilēs et pulchrae bēstiae ūnicornēs sunt. In librō suō "Dē Bellō Gallicō" Gāius Julius Caesar dē animālibus in Hercynia silva nārrāvit. Scrīpsit: "Est bōs cervī figūrā, cuius a media fronte inter aures ūnum cornu exsistit excelsius magisque directum his, quae nōbīs nota sunt, cornibus: ab eius summo sicut palmae ramique lātē diffunduntur."
"Esurio," Gāius dicit. "Sed nūllum cibum nōbīs mēcum portāvī."
Dracō: Fūrābor tibi ovem. Illic sub monte domūs barbarōrum sitī sunt. Apud domōs in campō ovēs video!
Gāius: Nōlī fūrārī! Malum est!
Dracō: Nūllum crimen sine lēge! Nūllae lēgēs in terrās barbarōrum sunt.
Gāius: Nōn lēx hominum, haec lēx dīvīna est.

Dracō: Hmmm... intellegō! Leporem capere et coquere possum! Leporēs, īgne dracōnis cum mālīs dulcibus coctī, mihī placent optimē! Māter mea mē docēbat cētōs in aquam marīnam et serpentēs in vīnō cum pirīs viridibus coquere. Mmmmm... Quī iūcundī sunt!

Gāius: Possum ad praedium barbarōrum īre et officium quaerere. Pastōre laborare prō barbarīs possum. Barbarī mihī pānem dabunt!

Dracō: Pastōrēs canēs habent. Canēs ovēs et hominēs ā lupīs dēfendunt. Nōn procul lupī absunt! Audīs lupōs ululāre? Multi bēstiae ferae in silvīs Germāniae sunt. Ovēs bene sapiunt. Puerī melius sapiunt. Tē nōn relinquam. Dēbeō tē cūrāre! Canis tuus erō. Tēcum ad barbarōs ībō. Baubau!

s. d. – salūtem dīcit
dorsum, dorsī, n (2) – back, ridge – <mark>dorsal</mark>
volābō… vidēbō… dēfendam… revertam… I will… Indicative Future (Imperfect)
mox – soon
ventus, ventī, m (2) – wind – <mark>vent, ventilate</mark>
scrīpsistī – Indicative Past (Perfect)
honōrō, honōrāre, honōrāvī, honōrātum (1) – to respect, to <mark>honor</mark>
ovis, ovis, m,f (3) – sheep
cervus, cervī, m (2) – dear
bōs, bovis, f,m (3) – cow, bull – <mark>bovine</mark>
frons, frontis, f (3) – forehead – <mark>front</mark>
cornu, cornūs, n (4) – horn
auris, auris, f (3) – ear – <mark>aural</mark>
nōbīs nōtus – known to us
summum, summī, n (2) – top – <mark>summit</mark>
sicut palmae ramique late diffunduntur – spreads out in branches like palm leaves
fūror, fūrārī, fūrātum – to steal
equite – Ablative case of *eques* – rider
infra + accusative case – below
supra + accusative case – above
vallēs, vallis, f (3) – valley
oppidum, oppidī, n (2) – small town
pōns, pontis, m (3) – bridge
ager, agrī, m (2) – field, farm – <mark>agriculture</mark>
celeriter – fast (adverb)
discēdō, discēdere, discessī, discessum (3) – to leave
situs est – is located – <mark>site, situated</mark>
crīmen, crīminis, n (3) – verdict, judgement – <mark>criminal</mark>
lēx, lēgis, f (3) – law – <mark>legal</mark>
lepus, leporis, m (3) – hare, rabbit
mālum, mālī, n (2) – apple (notice: *mālum* = apple; *malum* = evil)
pirum, pirī, n (2) – pear
cētus, cētī, m (2) – whale, sea monster
coquō, coquere, coxī, coctum (3) – to cook
praedium, praedī / -iī, n (2) – farm, estate

Right: dangerous German dragons
Below: mountains in Bavaria, Germany

officium, officiī, n (2) – service, duty, job – office, official
quaerō, quaerere, quaesīvī, quaesītum (3) – to seek to ask – inquire
pānis, pānis, m (3) – bread
ululō, ululāre, ululāvī, ululātum (1) – to howl, to shriek
cūrō, cūrāre, cūrāvī, cūrātum (1) – to take care of (+ Accusative case) – curator

Hercynia silva

The Hercynian Forest was an ancient forest that stretched eastward from the Rhine River across ancient Germania. The Hercynian Forest was so vast and dense that it took the Roman legions nine days to cross it marching north, according to Julius Caesar.

Commentāriī dē Bellō Gallicō

Commentāriī dē Bellō Gallicō is a series of books written by Julius Caesar during his 9 years in the Roman province of Gaul fighting the Gallic Wars. Caesar describes the battles and his own experiences in the third person, because the books were created to be read aloud in Rome – to inform the people back home about Caesar's victories and boost his popularity among Roman voters.

From the Gallic Wars, Book VI, Chapters 21 – 28

The Germans... honor among the gods those only who – they believe – help them – the Sun, the Fire god, and the Moon; of the rest they have never heard. Their whole life is composed of hunting expeditions and military pursuits; from early boyhood they are zealous for toil and hardship... In agriculture they have no interest, and the greater part of their food consists of milk, cheese, and meat... They destroy everything around their borders to have areas of wilderness as wide as possible around them. They think it the true sign of valour when the neighbours run far away from their lands and no man dares to settle near... Acts of pillaging committed outside the borders of their several states involve no disgrace; in fact, they say that such are committed in order to keep their young men from getting lazy. However, they think it's right to honor a guest; strangers who have come to them for any reason they protect from mischief and regard as sacred; to them the houses of all are open, with them is food shared...

...The breadth of this Hercynian forest, above mentioned, is as much as a nine days' journey for a person with no baggage...There is a bull there shaped like a deer, from the middle of whose forehead between the ears stands forth a single horn, taller and straighter than the horns we know. From its top, branches spread out like open hands. The main features of female and of male are the same, the same the shape and the size of the horns.

Above: Caesar dictates 'Gallic Wars' to scribes; below: Germanic tribe defends their land against the Romans

Above: 'Germanic chief Vercingetorix throws down his weapons at the Feet of Julius Caesar' by Lionel Noel Royer
Below: 'Vercingetorix surrenders to Caesar' by Henri-Paul Motte

X. Opus pastōris

Sōl lūcet. Nūlla nūbēs in caelō sunt. Pāstor in umbrā arbōris cum cane sedet. Ovēs in sōle herbam edunt. Puella barbara, pulchrā veste indūta, in campō ambulat et ad arbōrem adit.

"Bar bar bar?" puella rogat.

"Baubau! Dominus meus linguā Germānōrum nōn loquitur," canis dicit. "Latine loqueris?"

"Loquor," puella inquit. "Nōnne dominus tuus pāstor patris meī est?"

"Ita," Gāius inquit. "Quid est nomēn tibi, et quōmodo Latine loquī scīs?"

"Nomēn mihī est Lalla. Est patrī meō servus qui in culīnā nostrā laborat. Ille servus captīvus Rōmānus est. Latine loquī et coquere cibum Rōmānum mē docet. Et quōmodo canem tuum Latine loquī docuistī?"

Gāius: Potesne sēcrētum servāre?

Lalla: Possum.

Gāius: Inter nos... nōn canis, dracō est. Germānia patria eius est. Nōlī patrī dicere! Ego Rōmānus, hospes eius, sum.

Lalla: Multī dracōnēs in montibus Germāniae habitant, sed nūlli tam intellegentēs et doctī quam dracō tuus sunt! Quid est nomēn eī?

Gāius: Dracō? Monstrum?

Dracō: Egildus Astromirus Vadamundus.

Lalla: Familia tua clara et nōbilis est, dracō, sed incolae Germāniae dracōnēs Astromirōrum familiae ōdērunt quia ferōcēs sunt et multōs ovēs, bovēs, equōs, etiam cattōs et canēs in campīs cōtīdie rapiunt. Ornāmenta quoque aurea gemmīscum fūrantur et in caveās altās in montibus occultant.

Dracō: Ego sōlum herbam et flōrēs edō. Ornāmenta ex aurō perfecta, gemmās margarītāsque nōn cupiō. Corōnās dē flōribus et foliīs praeferō.

Dracō in campum currit et herbam edere incipit. Cum ovibus in campō herbam edit et aquam bibit.

Lalla: Cūr in Germāniam venīs?

Gāius: Vītam barbarōrum vidēre volō et... patrem meum invenīre. Fert nūntium imperātōris Rōmānōrum ad ducēs Germanorum. Prohibuit pater eōcum īre. Sed in dorsō dracōnis meī ex imperiō Rōmānō discessī.

Lalla: Ad castrum Rōmāna, trāns vallem illic, ī. Bellum est inter Germānōs et Rōmānōs. Rōmānī hostēs Germānōrum sunt. Germānī patriam nostram ā Rōmānīs dēfendunt. Si Germānī tē cīvem Rōmānum esse scient, occīderint tē!

Gāius: Nōlō a tē discēdere. Volō amīcum tibi esse. Bellum fīnītum erit, amīcitia dūrābit. Amīcī erimus.

Dracō: Rēctē dīcis, amicitiae immortales sunt! Cicero dīxit: 'Sine amīcitiā vitam esse nūllam!' Quoque dīxit: 'Mortales inimīcitias, sempiternas amīcitias.' Quoque Publilius Syrus, scrīptor Rōmānus, dīxit: 'Amīcum perdere est damnorum maximum!'

Lalla: Tēcum cōnsentiō, sed nōlō tē occīsus esse.

Dracō: Amīcitia, etiam post mortem dūrans!

Lalla: Ecce domus familiae meae in illō monte. Illa fenestra in cubiculō meō est. Cum lucernam nocte in fenestra accendam, ē castrō Rōmānō lūcem parvam meam vidēre poteris. Lucernā accēnsa, scī mē dē tē cōgitāre.

adeō, adīre, adiī / adivī, aditum (irr) – to come, approach
hospes, hospitis, m (3) – guest – hospitality, hospital
incola, incolae, m,f (1) – inhabitant
ōdī, ōdisse, ōdī, ōsum (4) – to hate – odious
etiam – even • *sōlum* – only
rapiō, rapere, rapuī, raptum (3) – to seize, to plunder
quid, quis – interrogative pronouns; *quod, qui* – relative pronouns
perficiō, perficere, perfēcī, perfectum (3) – to finish, to create – perfect
corōna, corōnae, f (1) – wreath – crown
folium, foliī, n (2) – leaf – foliage, folio, portfolio
praeferō, praeferre, praetulī, praelātum (irr) – to prefer, to carry in front
incipiō, incipere, incēpī, inceptum (3) – begin, start – inception
bibō, bibere, bibī, pōtum (3) – to drink – imbibe
ferō, ferre, tulī, lātum – to bring, to carry
altus – high, deep
cīvis, cīvis, f,m (3) – citizen – civic
scient – they will know, they will learn – Indicative Future (Imperfect)
occīderint – they will kill – Indicative Future (Perfect)
dūrō, dūrāre, dūrāvī, dūrātum (1) – to endure, to harden – durable
sempiternus – eternal, forever
perdō, perdere, perdidī, perditum (3) – to lose – perdition
cōnsentiō, cōnsentīre, cōnsēnsī, cōnsēnsum (4) – to agree – consent
lucerna, lucernae, f (1) – lamp, oil lamp
accendō, accendere, accendī, accēnsum (3) – to light up, to set on fire
cōgitō, cōgitāre, cōgitāvī, cōgitātum (1) – to think, to consider
lucernā accēnsā – "oil lamp having been lit" – Absolute Ablative indicating time or circumstances of an action

Roman Alcántara Bridge across the River Tajo, Spain.

Roman road in present-day Turkey

Reconstructed entrance to the Roman fort near Newcastle upon Tyne, England.

ROMAN FORTS

Roman military forts – *castra* – were always planned in the shape of a square, with square blocks, and two main streets – ***Decumanus Maximus*** (an East-West-oriented street) and ***Cardo Maximus*** (North-South) – crossing at the center of the fort. ***Decumanus Maximus*** was usually oriented in the direction of sunrise and sunset on solstices. Many *castra* eventually turned into *colōniae* – permanent settlements – and later into towns. Modern towns, founded as Roman *castra* in Europe and North Africa, still maintain this layout. Turin (Julius Caesar's *castrum*), Verona, and Rimini are examples of former Roman forts whose main streets are aligned with solstices.

Reconstructed wooden Roman fort Castrum La Crucca in Sardinia, Italy

XI. In castrō Rōmānō

"Puer improbus es!" Antōnius īrātus clāmat. "Patrī et mātrī nōn pārēs! Dracōnem tuum cēperō et cēnae illam bēstiam malam coxerō! Māter tua plorat, fīlium suum vocat. Et ubi ille fīlius neglegēns? Romam fūgit, procul āb Italiā abest, in Galliā errat! Soror tua trīstis, virō eius absentī, sōla domī lacrimat, frātrem suum vocat. Ubi ille frāter effugiēns? Trāns Rhēnum dracōne vehitur! Germānia Māgna nōn est prōvincia Rōmāna! Terra hostium Rōmānōrum est! Nōn permissum est cīvibus Rōmānīs trāns Rhēnum errāre, nec cīvī Rōmānō dracōnibus vehī convenit! Currū vehi convenit, equō vehi convenit, dracōne vehi nōn tibi licet! Mox ūnicorne vehī incipiēs ut magus barbarus!"

"Valerī! Dā mihī baculum meum!" pater Gāiī imperat.
Baculum suum Antōnius sūmit et Gāium verberat. Tergum dolet Gāiō, sed nūllum verbum puer respondet, quia trīstis nōn est – laetus, quod cum patre in castrō Rōmānō est!

Prope Rhēnum situm est illud castrum Rōmānum. In illō castrō Rōmānō Legiō XIII Gemina stat quī contrā Germānōs pūgnat et fīnēs imperiī nostrī custōdit. Legiō XIII Gemina legiō celeberrima est quod olim Julius Caesar ipse hanc legiōnem dūcēbat et cum hāc legiōne Rubiconem fluvium trānsīvit. Tria mīlia mīlitum haec legiō habet. Nunc lēgātus Quintus Iūlius Gallicus dux huius legiōnis est. Iūlius Gallicus vir fortis, qui multōs hostēs vincēbat et corōnam a cīvitāte accēpit. Iūlius Antōniī amīcus vērus est.

Optimē armātī mīlitēs Rōmānī in Galliā sunt. Singulus mīles pedes scūtum, gladium et pīlum fert. Singulus mīles eques gladium et hastam fert. Exercitus Rōmānus in multās partēs dīvīsus est. Cōnstat ex legiōnibus, legiō ex cohortibus. Lēgātī legiōnēs dūcunt. Centuriōnēs circiter centum mīlitēs dūcunt. Omnēs legiōnāriī cīvēs Rōmānī sunt. Singula legiō portat aquilam argenteam, signum legiōnum imperiī Rōmānī. Multī Gallī in exercitū Rōmānō in Galliā quoque mīlitant, quod Gallia prōvincia Rōmāna est. Gallī arcūs sagittāsque ferunt. Gallī cīvēs Rōmāni nōn sunt.

Iūlius Gallicus Antōnium vocat: "Antōnī, hūc venī! Audī quod explōrātōrēs nostrī dīcunt. Exspectābam Germānōs nōs oppūgnāre, sed explōrātōrēs nūllī hostēs in vallīs vīdērunt. Ergo cum mīlitibus meīs ē castrō ad Rhēnum ībō et pontem cōnstruēmus." Abit Iūlius Gallicus a castrō Rōmānō cum multīs mīlitibus. Imperat Valeriō cēterōs mīlitēs dūcere et castrum custōdīre. Portae castrī clausae sunt. Nunc legiō in duās partēs dīvīsa est.

Eō ipsō tempore hostēs in silvīs, trāns montēs ad castrum adeunt, sed Rōmānī hostēs adīre nec vident nec dē perīculō sciunt. Subitō, ecce currunt Rōmānī clāmantēs "Monstrum! Monstrum!" Videt Valerius monstrum ālātum viride in caelō volāre.

"Ecce monstrum Iūnōnis!" exclamat. "Beātus sum nūntium deae vidēre! A dextrā monstrum appāruit – hoc ōmen bonum est!"

"Hostēs in montibus!" monstrum clāmat. "Mox ad portās erunt! Agite!"

Vocat Valerius centuriōnēs ad sē, portās aperit et contra Germānōs impetum dūcit. Rōmānī pīla in Germānōs mittunt, et gladiīs pūgnant. Barbarī impetum mīlitum Valeriī sustinēre nōn possunt et fugiunt. Rōmānī Germānōs expūgnant.

"Iūnō, dea maxima omnibus deābus, nōs salvāvit!" Valerius mīlitibus suīs dicit.

Iūlius Gallicus Valerium laudat et praemium eī prōmittit. Imperātor, dux exercitūs Rōmānī, Iūlium Gallicum laudat et corōnam eī prōmittit.

Nocte videt Gāius lūcem parvam in montibus. "Salvē, amīca!" inquit.

cēperō – I will catch – Indicative Future (Perfect)

neglegō, neglegere, neglēxī, neglēctum (3) – to disregard, to neglect – negligence

vehor, vehī, vectum – to ride

incipiēs – you will start – Indicative Future (Imperfect)

currus, currūs, m (4) – chariot

magus, magī, m (2) – wizard – magician, magic

verberō, verberāre, verberāvī, verberātum (1) – to strike, to beat up – reverberate

tergum, tergī, n (2) – back

conveniō, convenīre, convēnī, conventum (4) – to meet, to get together, to be appropriate – convention

custōdiō, custōdīre, custōdīvī, custōdītum (4) – to guard – custody, custodian

olim – long ago

ipse, ipsa, ipsum – himself, herself, the same

trānseō, trānsīre, trānsiī / trānsivī, trānsitum (irr) – to cross – transit, transition

lēgātus, lēgātī, m – legate, legion commander

accipiō, accipere, accēpī, acceptum (3) – to accept, to receive

singulus – each, single

mīles pedes – foot soldier

scūtum, scūtī, n (2) – shield

pīlum, pīlī, n (2) – short spear

hasta, hastae, f (1) – long spear

mīlitō, mīlitāre, mīlitāvī, mīlitātum (1) – to serve in the army – military

pars, partis, f (3) – part

cōnstō, cōnstāre, cōnstitī (1) – to consist of, to stand

hūc – [to] here (direction)

explōrātor, explōrātōris, m (3) – spy – explore

cōnstruō, cōnstruere, cōnstrūxī, cōnstrūctum (3) – to build – construct, construction

cēterus – the rest

agō, agere, ēgī, āctum (3) – act, hurry

impetus, impetūs, m (4) – attack – impetus

sustineō, sustinēre, sustinuī, sustentum (2) – to hold back, to sustain

expūgnō, expūgnāre, expūgnāvī, expūgnātum (1) – to conquer, assault

prōmittō, prōmittere, prōmīsī, prōmissum (3) – to promise

galea

lōrīca segmentata (armor cuirass)

mīles pedes

baltea (belt)

pīlum

gladius

arma

scūtum

caliga (sandal/boot)

Legiō XIII Gemina

Legiō XIII Gemina – the 13th Twin Legion – was Julius Caesar's best legion during Caesar's 8 years waging the Gallic Wars (58–51 BC). Its symbol was the lion. At the end of the Gallic Wars, the Roman Senate, hostile to Caesar, ordered him to give up his consul's office and return to Rome to be prosecuted for corruption. Instead, Caesar took *Legiō XIII* across the Rubicon river into Italy, and faced his enemies in the Civil War. The loyalty of *Legiō XIII* was crucial to Caesar's victory that made him *Dictator perpetuo* (Dictator for life) of Rome. After the civil war Caesar retired his veterans, and gave them farmland in Italy – the traditional reward for serving in the Roman army. But in 41 BC Caesar's heir, Emperor Augustus, restored the legion. It was sent to Gallia to prevent attacks by Germanic tribes.

Legiō XIII Gemina was a part of the Imperial Roman army through the 5th century AD.

'Caesar on the banks of the Rubicon' by Gustave Boulanger

Corōnae

For military excellence, Romans decorated their soldiers and generals with crowns.

The highest honor was ***Corōna Obsidionalis*** (the 'blockade crown') or ***Corōna Graminea*** (the 'grass crown') given to army generals who broke a siege. It was made of grass and wild flowers from the site of the siege.

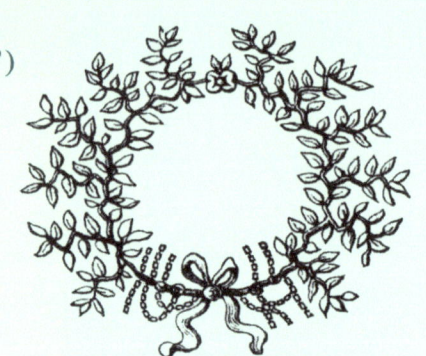

Corōna Cīvica (the 'civic crown') was presented to a soldier who had saved the life of a fellow soldier in battle. It was made of three different types of oak leaves. Soldiers who earned this honor sat next to the senators at public spectacles. Everyone stood up when such a soldier entered a room or a public place.

Corōna Mūralis (the 'wall crown') was given to the first man who scaled the wall of a besieged city. It was made of gold, and decorated with turrets.

Corōna Castrēnsis (the 'camp crown') was a gold crown given to the first soldier who broke into the enemy's camp. It was made in the shape of wooden palisades.

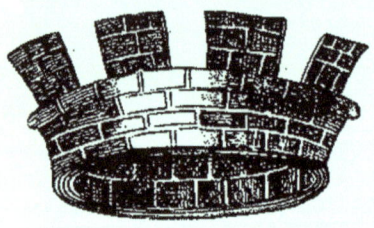

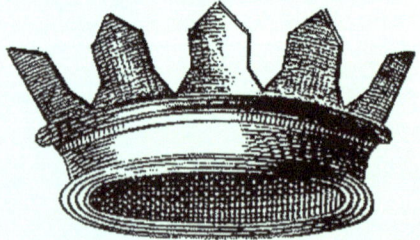

Corōna Nāvālis (the 'navy crown') was a gold crown given to the first Roman to board an enemy ship or a commander who won a naval victory. This crown was decorated with a ship's prow.

Vintage illustrations depicting Caesar crossing the Rubicon

From *The Lives of the Caesars* by Suetonius – *Divus Iulius*, Chapter 31-32

...After sunset Caesar set forward on his journey with all possible secrecy... Coming up with his troops on the banks of the Rubicon, which was the boundary of his province, he halted for a while, and, revolving in his mind the importance of the step he was on the point of taking, he turned to those about him, and said: "We may still retreat. But if we pass this little bridge, nothing is left for us but to fight it out in arms."

While he was thus hesitating, the following incident occurred. A person remarkable for his noble look was sitting on the bank, playing a pipe. When soldiers stopped to listen to him, he snatched a trumpet from one of them, ran to the river with it, and sounding the advance with a piercing blast, crossed to the other side. Upon this, Caesar exclaimed, " Let us go where the omens of the gods and the iniquity of our enemies call us. The die is now cast."

XII. In castrō Germānō

In castrō Germānō dux Germānōrum īrātus est. Cum sociīs suīs loquitur.

Aethelwulf: Cūr, per omnēs diī, Germānī Rōmānōs nōn expūgnāvērunt? Sumus meliōrēs atque fortiōrēs mīlitēs! In terrā nostrā pro patriam nostram, quam hostēs saevī occupāre cupiunt, pūgnāmus. Rōmānī pigrī sunt! Cūr Rōmānōs vincere nōn potuimus?

Ekkehart: Quia Rōmāni validī et melius armātī sunt?

Aethelwulf: Haec causa nec bona est, nec satis est!

Ekkehart: Quia Rōmāni librōs legunt, poēmata dēclāmant, līberōs suōs in lūdum mittunt, mathēmaticam et linguam Latinam dīscunt, philosophiam et mūsicam student, artem rhētoricam ducibus suīs docent, artem ingeniariam exercent, in theātrō fābulās aspiciunt, fēminīs suīs librōs dōnīs dant, diīs suīs templa dē marmōre pōnunt, ergo intellegentiōrēs sunt quam Germānī?...

Aethelwulf: Hmmm... Hae causae nōn sufficiunt.

Ekkehart: Quia ...

Explōrātor currit ad ducem.

Explōrātor:... Quia diī Rōmānīs iuvant! Iūnō, dea Rōmānōrum, Rōmānōs dē perīculō gravī mīrābilī modō servāvit. Ea explōrātōrem mīsit qui Rōmānīs dē impetū Germānōrum dīxit!!! Rōmānī sciēbat dē impetū mīlitum nostrōrum!

Aethelwulf: Quid??? Impetus noster sēcrētus erat! Quis hic explōrātor?

Explōrātor: Hic explōrātor ālātus erat. Volābat inter caelum et terram ālīs viridibus! Mīlitēs nostrī pīla in eum mittēbant, sed altē volābat. Nēmō procul satis mittere poterat. Sagittāriī nostrī sagittābant, sed nēmō procul satis sagittāre poterat.

Aethelwulf: Stultī! Addūcite eum ad mē, vīvum aut mortuum, aut vōs omnēs dē arbōribus suspendam! Agite!

Paulō post...

Ekkehart: Aethelwulf! Aspice!

Aethelwulf: Quid in manu habēs? Tam parvus? Hoc explōrātor ālātus nōn est! Ubi ālae eius? Hoc... cattus est!

Ekkehart: Hic cattus, nomine Pluto, ad tabernācula mīlitum nostrōrum vēnit, dīxit quod dē monstrō ālātō scit.

Aethelwulf: Quis es, catte? Quid in terram nostram agis?

Pluto: Sum cattus Rōmānus doctus et cīvīlis, Rōmae habitō. Latine loquor, quoque sciō linguās barbarōrum et aliōrum animālium. Cēnae praeferō piscēs et lactem. Murēs mihī nōn placent. Dominus meus, Antōnius, in Germāniam mē portāvit. Cattī in castrīs cibum ā muribus, ā barbarīs, et ab aliīs bēstiīs incīvīlibus dēfendunt. In castrō labōrābam, murēs capiēbam. Sed vīta mīlitāris mihī nōn placet. Ubi lāc? Ubi focus? Murēs barbarae intellegentēs et celerēs sunt, celeriōrēs quam murēs Rōmānae! Difficile est eās capere! Cupiō domum revenīre, philosophiam et artem studēre et lactem ad focum bibere...

Aethelwulf: Quid scis dē monstrō ālātō, pellis stulte?

Pluto: Sciō monstrum nūntium Iūnōnis nōn esse. Dracō est qui amīcum suum, Antōniī fīlium, prōtegit. Odī dracōnem improbum et spērō eum in bellō perīre! Si vultis illum dracōnem capere, necesse est serpentēs in vīnō coquere. Tālēs serpentēs maxime eī placent.

Aethelwulf: Quid? Rōmāni dracōnēs habent? Capite serpentēs, in vīnō coquere eōs, rētibus monstrum capite!

Ekkehart: Ahem, dux... Ubi vīnum invenīre? Germānī vīnum nōn bibunt, vīneās nōn habent. Vīnum pōtiō Rōmāna est...

Aethelwulf: Invenī vīnum, idiōta, aut dē arbōre tē cras suspendam! Age!

atque – as well as
validus – strong, powerful – valid
causa, causae, f (1) – cause, reason
poēma, poēmatis / -os, n (3) – poem
satis – enough
ars, artis, f (3) – art
rhētorica, rhētoricēs, f (1) – speech-making – rhetoric
exerceō, exercēre, exercuī, exercitum (2) – to practice – exercise
ars ingeniaria – engineering
studeō, studēre, studuī (2) – to study
marmor, marmōris, n (3) – marble
sufficiō, sufficere, suffēcī, suffectum (3) – to be sufficient
gravis – heavy, severe – grave
mīrābilis – miraculous
tam – so
stultus, stultī, m (2) – a fool
stultus – foolish – stultify, stultified
tabernāculum, tabernāculī, n (2) – tent – tabernacle
lāc, lactis, n (3) – milk – lactic
focus, focī, m (2) – fireplace, hearth, altar – focus, focal
pereō, perīre, periī / perivī, peritum (irr) – to perish, to disappear
pellis, pellis, f (3) – animal skin, fur coat – pelt • *pellis stultus* – "stupid fur coat"
tālis – such
rēte, rētis, n (3) – net – retina
vīnea, vīneae, f (1) – vineyard
pōtiō, pōtiōnis, f (3) – a drink – potion, poison
idiōta, idiōtae, m (1) – an idiot

Roman mosaic 'Vinyard'

grapes on a vine

grapes in a vinyard

ROMAN DRINKS

The main drink of the Roman Empire was wine – *vīnum*. Romans drank it mixed with water. *Calda* was a winter drink – wine mixed with water and spices. *Posca* was a cheap drink made from water and vinegar and heavily spiced with herbs to improve the taste. It was drunk by the poor and the soldiers. During military campaigns generals and emperors drank posca in Roman camps to show their solidarity with the soldiers. The emperor Hadrian, according to *Historia Augusta* "led a soldier's life, and cheerfully ate outside, with his soldiers, such camp food as bacon, cheese, and vinegar."

Ruins of the Roman city of Gerasa (present-day Jerash) in the Roman province of Syria (present-day Jordan.)

Hae via et porta antīquae sunt.

Haec urbs māgna erat.

Ecce forum in Gerasā antīquā!

Roman silver wine cup 1st century

'Roman carpet seller' by Ettore Forti

Tapēta emunt.

taberna

Tapēta vēndit.

fēmina pecūniōsa

tabernārius

XIII. Difficultās Māgna

Intrat Ekkehart in domum suum. Saccum parvum portat. Uxōrī ōsculum dat. Saccum pōnit ante focum. Uxor Ekkehartī, Nanna, eī ōsculum dat. "Quid agis?" rogat.

Ekkehart: Male! Difficultātem māgnam habeō. Dux Aethelwulf mihī imperāvit serpentēs in vīnō coquere, sed nūllum vīnum in terrā nostrā est.

Nanna: Quid?? Dux tuus īnsānus est! Nūllum eī edere? Et tū ducī īnsānō pārēs? Est melior dux Germānīs! Tū!

Ekkehart: Nōn ipse serpentēs coctōs dux edet. Hoc cibus dracōnī est. Dēbeō dracōnem capere.

Nanna: Qualis ille dracō – rex dracōnum est? Coquum in palātiō suō habet? Dracōnēs bēstiae ferae sunt, omnia edunt, nūlla coquunt!

Ekkehart: Quōmodo scis?

Nanna: Ex librō "De Mōribus Dracōnum."

Ekkehart: Quōmodo illum librum lēgistī? Legere nōn scis!

Nanna: Fīlia nostra mihī legēbat.

Ekkehart: Dā mihī illum librum.

Nanna: Quorsum? Tū quoque legere nōn scis!

Ekkehart: Lalla! Lalla! Venī! Affer librum dē dracōnibus!

Lalla per ōstium intrat et parentēs salutat.

Lalla: Salvē, pater! Quid inest in saccō? Nōnne dōnum mihī in saccō est?

Ekkehart: Dōnum tibi hodie nōn habeō. Hoc in saccō cattus est.

Lalla: Cattus? Dā mihī hunc cattum! Cattus dōnum optimum est! Amō cattōs! Quod nōmen est cattō?

Ekkehart: Nōn licet mihī hunc cattum tibi dare. Hic cattus, Pluto nōmine, captīvus Rōmānus est.

Nanna: Dēmēns dux tuus est! Cūr cattōs capit? Contrā quōs pūgnātis? Contrā legiōnēs cattōrum?

Ekkehart: Tacē, uxor! Fīlia, lege mihī dē cibō dracōnum.

Lalla pāret. Librum aperit et legit.

Lalla: Dracōnēs sunt bēstiae ferae, quae multās aliās bēstiās capiunt et edunt. Pāstōrēs et agricolae dracōnēs timent, nam dracōnēs nōn sōlum ovēs, bovēs, et equōs, rapiunt sed etiam cattōs et canēs edunt.

Ekkehart: Cattōs? Hmmm... [sūmit saccum] Ecce cibus dracōnum! Possum in illō monte in cavernam hunc cattum iacere et rētia circum cavernam pōnere!

Pluto in saccō: Nōlī mē dracōnī iacere!

Ekkehart: Tacē, catte! Prōditor es! Scīsne poenam prōditiōnis mortem esse?

Mediā nocte in cubiculō suō audit Lalla vōcem Gāiī: "Lalla, esne in cubiculō? Fenestram aperī!"

Lalla: Intrā!

Gāius: Cūr lucernam in fenestra nōn accendis? Dē tē sollicitus eram!

Lalla: Pater prohibet lucernam accendere. Timet quod Rōmānī nōs oppūgnāre possunt.

Gāius: Quid novi?

Lalla: Dē patre meō validē sollicita sum. Māter putat patrem et ducem Aethelwulfum īnsānōs esse, quia cattum, Pluto nōmine, captīvum Rōmānum vocant.

Gāius: Pluto, cattus mātris meae, āmissus est! Ubi est?

Lalla: In illō monte in cavernā.

Gāius: Eō ad illam cavernam! Cattum mātris salvāre dēbeō!

Lalla: Nōlī!

Gāius fugit.

Lalla: Gāī! Gāī! Rētia circum cavernam sunt!

intrō, intrāre, intrāvī, intrātum (1) – to enter
difficultās, difficultātis, f (3) – difficulty, problem
īnsānus – crazy – insane
coquus, coquī, m (2) – cook, chef
palātium, palātiī, n (2) – palace
mōs, mōris, m (3) – habit, custom
īnsum, īnesse, īnfuī, īnfutūrum – to be inside
nōn licet mihī – I am not allowed
dēmēns – insane – dementia
taceō, tacēre, tacuī, tacitum (2) – to be silent
nam – because, actually
prōditor, prōditōris, m (3) – traitor
prōditiō, prōditiōnis, f (3) – betrayal, treason
poena, poenae, f (1) – punishment
mors, mortis, f (3) – death – mortal
sollicitus – worried
valdē/validē – strongly, very, a lot
āmittō, āmittere, āmīsī, āmissum (3) – to lose

taberna Rōmāna

Tabernārius ōrnāmenta vēndit.

Fēmina ānulum cum gemmā emit.

Tabernārius quoque līneās cum margaritīs et alia ōrnāmenta habet.

ānulus cum gemmā

'A little luxury' by Stephan Bakalowicz

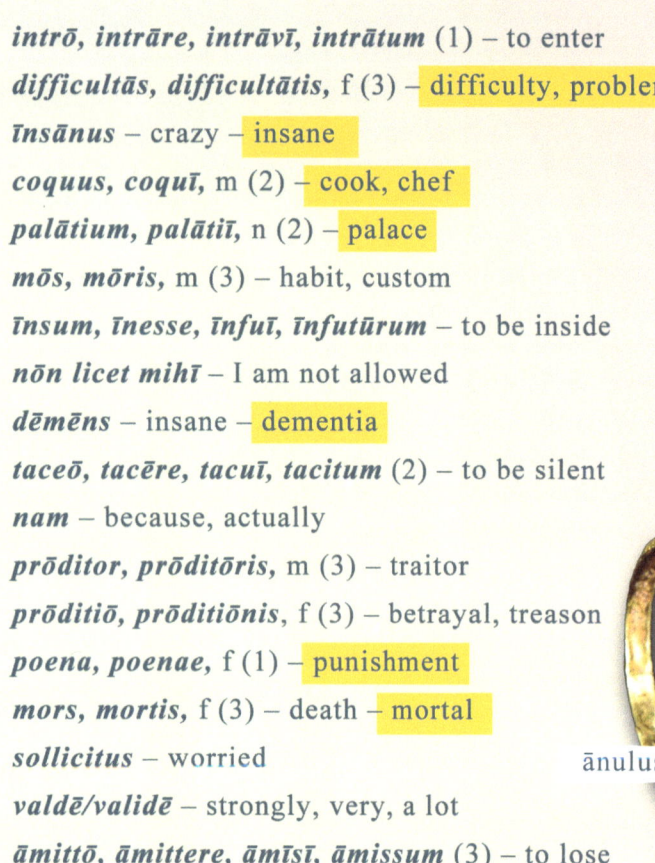

The Roman Empire in 116 AD.

Map by D. Bachmann

PAX ROMANA

For about 200 years, from the reign of Emperor Caesar Augustus to the death of Emperor Marcus Aurelius, the Roman Empire kept growing and sucessfully defended its borders. This relatively peaceful period of Roman history is known as Pax Romana.

The 'Five Good Emperors' who ruled during Pax Romana were Nerva, Trajan, Hadrian, Antoninus Pius, and Marcus Aurelius. Why were these emperors good rulers? One theory says it was because they were all 'adoptive' heirs to the throne. When a Roman man had no sons, he adopted a younger grownup friend to be his heir. All except the last of the 'Good Emperors' had no sons and found an heir to the throne based on his character and skills. Peace was not something Romans wanted or respected. Rome expanded by war, and Romans believed wars were the source of wealth and honor. Emperor Augustus was the first ruler to make peace a goal. Prosperity doesn't come from wars, he told his subjects. Wars are risky and unnecessary, unless they are defensive. The emperors who followed Augustus adopted the concept of Pax Romana and even issued coins with 'Pax' on the reverse side.

'Poet Catullus reading his poems' by Stefan Bakalowicz

'Pax Augusta' on a 3rd-century Roman coin.

Autumnō folia cadunt dē arboribus.

Tempora annī sunt hiems, vēr, aestās, et autumnus.

Amīcī eius audiunt.

Poēta poēmata recitet.

XIV. Proelium

In castrō Rōmānō Antōnius lacrimat: "Fīlius meus āmissus est! Ubi es, Gāī? Vīvus aut mortuus? Captus aut caesus ā hostibus saevīs? Aurēlia dolōre mortua erit!"

"Fortis es," Valerius eum monet. "Nōlī spem perdere!"

"Impetūs contra hostēs parāte!" Iūlius Gallicus centuriōnibus imperat. "Fīlium Antōnii salvāre dēbēmus. Si fīlius eius hodie nōn revēnit, omnia oppida barbara in hāc valle igne incēnsī erunt! Omnēs domūs, agrī, et pontēs dēlētī erunt!"

Antōnius lacrimat: "Fīlius meus cārus, ubi es?"

"Diī tē audiunt," Valerius inquit, "et lacrimās tuās aspiciunt. Auxilium nōbīs ferent contrā hostēs!"

Subitō vōx ex caelō clāmat: "Vīvus fīlius tuus est, Antōnī! In illō monte in cavernā rētibus captus sedet."

"Nūntius Iūnōnis!" mīlitēs Rōmānī exclāmant.

"Quid?" Antōnius inquit, "Ille dracō Gāiī est!"

"Scīsne, domine, Iūnōnem deam patrōnam dracōnum esse?" Dracō rogat. "Dracōnēs animālia sacra Iūnōnis sunt! Quoque Mars, bellī deus terribilis, dracōnibus ālās dedit ut mōnstrent Rōmānīs viās optimās trāns montēs in terrīs aliēnīs."

Antōnius: Fabulae! Nihil tale sciēbam, nihil audiēbam! Nūllum dracōnum in templō Iūnōnis in forō Rōmānō vidēbam! ... nec in templō Mārtis!

Iūlius Gallicus: Silentium! Siste disputāre! Portās aperīte! Tempus est hostēs oppūgnāre et exercitum Germānōrum proeliō vincere! Monstrum, mōnstrā nōbīs viam illum ad montem! Parātī! Ad signa!

"Ad victoriam!" legiōnāriī clāmant.

Monstrum ālātum in caelō volat, Rōmānīs in montibus viam mōnstrat.

Interim in castrō Germānō...

Aethelwulf: Monstrum captum?

Ekkehart: Nondum, dux. Putō eum rētia vidēre... Sapientēs dracōnēs Germānī sunt. Volat bēstia viridis super cavernam ubi puer cattusque sedent, sed nōn dēscendit. Volāns, cum puerō Latine loquitur...

Aethelwulf: Stultus es, Ekkehart! Si loquuntur, puer dracōnī dē rētibus nārrāvit!

Ekkehart: Hmmmm....Recte dīcis.

Explōrātor currit ad ducem."Dux, māgnus numerus Rōmānōrum ē silvīs proximis appāruērunt, "Movē!" "Ad latus stringe!" "Ordinem servāte!" et "Mandāta captāte!" clāmantium. Trāns montēs hūc adeunt. Tōta legiō, peditēs equitēsque, cum auxiliīs sagittāriīs ē Galliā. Aquilam argenteam portant. Monstrum ālātum eōs ducit. Oppida incendunt. Incolae fugiunt.

Aethelwulf: Age, Ekkehart! Parā proelium!

Ekkehart: Dīmidium mīlitum nostrōrum trāns flūmen est, dux, procul a castrō. Cum paucīs mīlitibus difficile erit impetum tōtīus legiōnis sustinēre!

Aethelwulf: Egō tibi auxilium ferre nōn possum... Age, aut manū meā mortuus eris.

Ekkehart abit. Prope cavernam, in quā Gāius et Plutō captī sedent, mīlitibus imperat: "Adferte hūc ligna. In cavernam ligna pōnite, et īgnem date mihī!"
Cum mīlitēs barbarī montem ā legiōnāriīs Rōmānīs dēfendunt, stat Ekkehart prope cavernam, dracōnem exspectat. Dracōne super montem volante, Ekkehart dracōnem vocat: "Aspice, dracō, ligna in cavernā et īgnem in manu mea! Si illa ligna incendō, amīcī tuī coctī erunt! Doleō, in vīnō coquere amīcōs tuōs nōn possum!" Ekkehart rīdet et extendit manum īgnem tenentem. Dēscendit dracō celeriter et ōrat: "Nōlī puerum cattumque interficere, dux! Innocentēs sunt! Pro eīs mē occīde! Libenter in flammās saliam!"
"Unum dracōnem coctum nōn egeō," Ekkehart inquit. "Egeō impetum Rōmānōrum prohibēre."
"Certe, dux! Prohibitus impetus erit, dux!" dracō dicit et āvolat.

proelium, proeliī, n (2) – battle

caedō, caedere, cecīdī, caesum (3) – to cut, to kill

moneō, monēre, monuī, monitum (2) – to warn, to remind, to advise – admonish

spēs, speī, f (5) – hope

dolor, dolōris, m (3) – grief, suffering, pain

incendō, incendere, incendī, incēnsum (3) – to set on fire – incense

dēleō, dēlēre, dēlēvī, dēlētum (2) – destroy, erase – delete

patrōna, patrōnae, f (1) – patroness, protectress

sacer – sacred, holy

mōnstrō, mōnstrāre, mōnstrāvī, mōnstrātum (1) – to show, to point out

dēmōnstrō, dēmōnstrāre, dēmōnstrāvī, dēmōnstrātum (1) – to show, to point out – to demonstrate

ut mōnstrent - so that they show – Subjunctive present

forum, forī, n (2) – forum, public square

Parātī! – Roman military command "Get ready!"

Ad signa! – Roman military command "To the standard!" (take your assigned place in the ranks)

interim – meanwhile

nondum – not yet

Movē! – Roman military command: "Forward!"

Ad latus stringe! – Roman military command: "Close the ranks!"

Ordinem servāte! – Roman military command: "Maintain the formation!"

Mandāta captāte! – Roman military command: "Hear the orders!"

proximus – nearby – proximity, approximate

appāruērunt – 'they appeared' – Indicative perfect

dīmidium, dīmidiī, n (2) – half

paucus – few in number

manū meā – by/with my hand – Ablative Instrumental

lignum, lignī, n (2) – wood, firewood

dracōne super montem volante

– Absolute Ablative : "with the dragon flying above the mountain..."

doleō – I am sorry, from doleō, dolēre, doluī (2) – to be sorry, to feel pain

pro eīs – instead of them

saliō, salīre, saluī, saltum (4) – to jump – salto

egeō, egēre, eguī (2) – to need

āvolō, āvolāre, āvolāvī, āvolātum (1) – to fly away

Roman gold bracelet with a carnelian stone 3rd century A.D.

Roman glass jug 1st century A.D.

KEEPING TIME

Romans didn't measure time in minutes or seconds. The smallest unit was the hour. To measure time they used mostly sundials.

The natural day – *dies naturalis* – was from sunrise to sunset and was divided into 12 hours. The hours were numbered – *hora prima, hora secunda, hora tertia,* etc. In winter hours were shorter, since the winter days were shorter.

The civil day – *dies civilis* – was used to record the time of events. It ran from midnight to midnight and was divided into 16 parts:

1. Media nox, 2. Mediae noctis inclinatio, 3. Gallicinium (cock crowing),

4. Conticinium (silence of the night), *5. Diluculum* (dawn), *6. Mane* (morning),

7. Antemeridianum tempus (forenoon), *8. Meridies* (mid-day),

9. Tempus pomeridianum (afternoon), 10. *Solis occasus* (sunset), *11. Vespera* (evening),

12. Crepusculum (twilight), *13. Prima fax* (lighting of lanterns),

14. Concubia nocte (bedtime), *15. Intempesta nox* (dead of the night),

16. Inclinatio ad mediam noctem.

Measuring time in minutes and seconds started only around AD 1000.

The word minute comes from the Latin *pars minuta prima* – the first small part.

Second comes from *pars minuta secunda* – the second small part.

ancient Gallic and Germanic tribespeople

I. Victōria

Fortēs sunt nostrī legiōnāriī Rōmānī quī contra hominēs barbarōs, quōrum māgnus numerus in Germāniā est, pūgnant. Iam Valerius mīlitēs Rōmānōs ducit, quia Iūlius Gallicus sagittā vulnerātus est. Vulnus eī, feliciter, leve est, nōn grave! Paucī barbarī sunt. Post brevem pugnam terga vertunt. Subitō, ante Rōmānōs dracō ē nūbibus dēscendit.
"Sistite," dicit. "Nōlīte movēre. Si barbarōs oppūgnābitis, īgnem ex ōre meō in vōs mittam!" Legiō Rōmānōrum cōnsistit.
"Cūr Iūnō īrāta est?" Valerius rogat. "Stā! Nōn vōs turbātis! Nēmō dēmittat!" imperat.
"Prōditor!" Antōnius exclamat.
Nōn movet autem Antōnius, nec Valerius, nec legiō Rōmāna, nec auxilium ē Galliā.
Stant virī exspectantēs, dracōnem aspiciunt.
"Prōditor nōn sum," dracō respondet. "Bonum nūntium vōbīs ferō. Brevī tempore fīlius tuus tēcum erat, pugnā extīnctā, bellum fīnītus erit. Corōnae vōbīs a cīvibus Rōmānīs datī fuerint, quod hostēs vīceritis sine pūgnā!

Volat dracō ad cavernam. "Līberā amīcōs meōs!" postulat.
"Līberābō eōs," Ekkehart dicit, "cum Rōmānī ē patriā nostrā aberunt! Vocā omnēs dracōnēs Germāniae et imperā eīs Rōmānōs ē Germāniā expellere!"
"Impossibile est," dracō respondet. "Societās dracōnum nōn rēgnum, sed democratia est. Dracōnēs putābunt mē animal īnsānum esse, et edent mē ut murem!"
"Bene," inquit Ekkehart, "Ergo aspice amīcōs tuōs flammā coctōs esse!"
Subitō audit Ekkehart vōcem puellae ē cavernā: "Vīs atque mē coquere, pater? Hoc mātrī meae nōn placēbit!"
Ekkehart: Quis est? Lalla, fīlia mea? Quid in hāc cavernā agis??
Lalla: Cum amīcīs meīs esse volō!
Ekkehart mīlitibus barbarīs imperat: "Līberāte captīvōs!"
Gāius cum Lallā et cattō ē cavernā exeunt.
Deinde clāmat dracō Latine: "Gāī, age! Celeriter! Puellae manum tenē! Puella, cattī plantam tenē!"
Iam dracō puerī manum tenet, puer puellae manum tenet, puella cattī plantam tenet!
Ita dracō ēvolat cum puerō, puellā, cattōque! Altē volat in māgnum orbem circum montem.
Cattus [lacrimāns in āere]: Dracō, tibi grātiās maximās agō! Animam meam salvāvistī! Ignōsce mihīi, quaesō!
Dracō: Iam inimīcī nōn sumus, catte!

Ekkehart: Siste, dracō! Lalla, rogō, revenī! Nōlī ēvolāre! Prōmittō hunc dracōnem et amīcōs tuōs ut līberōs meōs amāre!

Lalla: Valē, pater! Eō ad nūbēs! E nūbibus tibi epistulam scrībam!

Ekkehart: Gratias, sed legere nōn sciō! Mē miserum! Māter tua mē in vīnō coxerit!

Dracō: Miser nōn es, Ekkehart, victor es! Sine pūgnā hostēs vīcistī! Rōmānī terga vertunt et ad castrum suum abeunt. Germānī tē hērōem vocābunt! Dux electus eris!

Ekkehart: Sine fīliā mea nōlō dux esse, nōlō vīvere! Lallam mihī redde!

Dracō: Revēnerit hodie, nōlī sollicitus esse.

Gāius: Dracō, quōmodo possumus domum ad parentēs revenīre? Parentēs nostrī īrātī sunt, bellum inter sē gerunt.

Dracō: Parentēs nōlunt līberōs suōs perdere. Benīgnī vōbīs erunt et inter sē dē pāce conciliābunt. Pater tuus et Valerius corōnās cīvitātis accipient et hērōs Rōmānī erunt. Pater Lallae dux clarus barbarōrum erit. Fama eius multis in terris erit māgna. Post fīnem belli Lalla Rōmam veniet Latinam dīscere, aedificia opulentia et templa splendida aspicere. Multos annos per totam terram erit pax.

vulnerō, vulnerāre, vulnerāvī, vulnerātum (1) – to wound • *vulnus, vulneris,* n (3) – wound, injury
vertō, vertere, vertī, versum (3) – to turn
cōnsistō, cōnsistere, cōnstitī (3) – to stop, to stand together, to consist
Stā! – Roman military command "Halt!"
Nōn vōs turbātis! – Roman military command "No disorder!"
Nēmō dēmittat! – Roman military command "No going back"
adiūtō, adiūtāre, adiūtāvī, adiūtātum (1) – to help
extinguō, extinguere, extīnxī, extīnctum (3) – to extinguish
fīniō, fīnīre, fīnīvī, fīnītum (4) – to finish
vīceritis – will have defeated – Indicative Future (Perfect)
datī fuerint – will be given – Indicative Future (Perfect)
postulō, postulāre, postulāvī, postulātum (1) – to demand
expellō, expellere, expulī, expulsum (3) – to expel
societās, societātis, f (3) – society, community
rēgnum, rēgnī, n (2) – kingdom, royal power
exeō, exīre, exiī / exivī, exitum (irr) – to come out, to exit
deinde – next, after that
planta, plantae, f (1) – paw, sole of a foot
ēvolō, ēvolāre, ēvolāvī, ēvolātum (1) – to fly up, to fly away
āēr, āeris, m (3) – air
anima, animae, f (1) – soul, life – animated, animation
īgnōscō, īgnōscere, īgnōvī, īgnōtum (3) – to forgive
mē coxerit – will have me cooked – Indicative Future (Perfect)
reddō, reddere, reddidī, redditum (3) – to give back
revēnerit – will have returned – Indicative Future (Perfect)
conciliō, conciliāre, conciliāvī, conciliātum (1) – to unite
pāx, pācis, f (3) – peace

Above: Roman soldiers crossing the Danube river into Germania Magna – from the Trajan column in Rome

To curse their enemies, ancient Germanic tribespeople put a horse head on a long stick and dug the stick into the ground, with the horse head (or skull) pointing in the direction of their enemies. It was called the 'nithing pole.'
Horses were also believed to be connected to the Sun god. Horse images were often embroidered on clothes, and carved of wood to be placed on the roofs of houses. Horse skulls were also often placed on roofs to protect homes from evil.

THE SACK OF ROME BY ALARIC

Alaric was the king of the Visigoths, a Germanic tribe that was often at war with the Romans. *Visigoths* means 'Western Goths.' Led by Alaric, the Visigoths besieged Rome in 410. A traitor opened the Salarian Gate, and Alaric's army invaded and sacked Rome. Many public buildings were burned and all public treasures stolen. Many Romans were sold into slavery. At that time, Rome was no longer the capital of the Western Roman Empire. The capital was in Ravenna. When Emperor Honorius in Ravenna received the message that Rome had perished, he cried out and said, 'What? It has just eaten from my hands!' He thought the message was about his favorite rooster whose name was Rome. When they explained they meant the whole city of Rome, the emperor gave a sigh of relief... In 476, the Germanic leader Odoacer revolted and put an end to the Western Roman Empire.

Above: Alaric enters Rome
Below: 'Emperor Honorius' by John William Waterhouse

www.ingramcontent.com/pod-product-compliance
Lightning Source LLC
Chambersburg PA
CBHW041434010526
44118CB00002B/70